SOMMAIRE

UE 1.1 — Sociologie, anthropologie

1. L'anthropologie
2. Épistémologie
3. Grandes figures et grands travaux de l'anthropologie
4. Anthropologie et santé
5. Ethnologie
6. Méthode, outils en ethnologie
7. Ethnocentrisme
8. Systèmes de lignage
9. Ethnologues et domaines réputés
10. Sociologie
11. Méthode, outils
12. Stratification sociale
13. Organisation
14. Personnalités et domaines réputés
15. Systèmes de parenté
16. Mythe
17. Don, dette, lien
18. Religion
19. Pensée magique
20. Travail
21. Condition salariale
22. La vie urbaine
23. Temps de loisir
24. La culture de masse
25. Santé

UE 1.2 — Santé publique et économie de la santé

26. Concepts de santé et de santé publique
27. Mesure de l'état de santé
28. Déterminants de la santé et principes d'intervention
29. Les états pathologiques en France
30. La veille sanitaire
31. La santé communautaire
32. La santé dans le monde
33. Les organisations internationales
34. La politique de santé publique
35. Organisation de la politique de santé publique
36. L'échelon national de la politique de santé publique
37. L'élaboration de la politique nationale
38. La mise en œuvre de la politique nationale
39. L'échelon régional de la politique de santé publique
40. L'élaboration de la politique régionale
41. La mise en œuvre de la politique régionale
42. L'échelon local de la politique de santé publique

SOMMAIRE

43 Le système de soins français
44 L'évolution du système hospitalier
45 La planification sanitaire
46 La régulation du système de soins
47 La certification des établissements de santé
48 Les établissements de santé
49 Le service public hospitalier
50 La T2A
51 Les établissements publics de santé
52 L'organisation administrative des EPS
53 Les établissements de santé privés
54 La coopération hospitalière

55 Le groupement de coopération sanitaire
56 La Communauté hospitalière de territoire
57 Les autres établissements de santé
58 Les alternatives à l'hospitalisation
59 Filières de soins
60 Les soins de premier recours
61 Les professionnels de santé
62 Les médecins libéraux
63 Les Comptes de la santé
64 Les dépenses de santé et leur financement
65 Consommation de santé, croissance et maîtrise des dépenses de santé

UE 2.3 Santé, maladie, handicap, accidents de la vie

66 La santé
67 Le bien être
68 La maladie
69 Les conséquences de la maladie
70 L'accident
71 La qualité de vie
72 L'évaluation de la qualité de vie
73 Le handicap
74 Les causes des handicaps
75 La classification des handicaps
76 Les handicaps mentaux
77 Les handicaps physiques

78 Les handicaps associés
79 Les conséquences du handicap
80 La réglementation en faveur des personnes handicapées
81 La protection des personnes handicapées
82 La prise en charge sociale du handicap
83 Les moyens et les aides pour le handicap
84 La maladie chronique
85 Les conséquences des maladies chroniques

SOMMAIRE

UE 2.6 Processus psychopathologiques

86 Psychopathologie et psychiatrie
87 Démarche holistique
88 Le déséquilibre mental et psychologique
89 La théorie des « humeurs »
90 Folie et pensée populaire
91 Faute et charité
92 Enfermement, médecine
93 Débuts de la psychiatrie
94 Balbutiement des pratiques soignantes
95 Objectivation
96 Psychanalyse, psychodynamisme
97 Modernité et science face aux psychoses
98 Panel de méthodes de soin
99 Nouvelles attentes de psychopathologie
100 Troubles de communication
101 Troubles de l'expérience du monde
102 Processus névrotiques
103 Symptôme, plainte
104 Psychopathologie psychanalytique

105 Carences d'appareil mental
106 Processus névrotiques
107 Névroses hystérique et obsessionnelle
108 Névrose phobique, troubles anxieux
109 Bouffées délirantes aiguës (BDA)
110 Idées délirantes
111 Schizophrénies
112 Paranoïa
113 Stress
114 Dépression
115 Psychose maniaque
116 Conduites suicidaires
117 Perversion
118 Démences
119 Dépendance aux toxiques
120 Psychopathologie et petite enfance
121 Psychopathologie et enfance
122 Psychopathologie et adolescence
123 Psychothérapies

UE 6.2 Anglais

124 Structural and nervous system
125 Circulatory and respiratory systems
126 Digestive and urinary systems

127 Sensitive systems
128 Endocrine and reproductive systems

Tout le semestre 2

Sous la direction de Kamel Abbadi

Les auteurs

Priscilla Benchimol
Jacques Birouste
Yamina Garnier

Nadia Ouali
Laïla Zaâzoui
Amel Zehouane-Siviniant

MÉMO

1 L'anthropologie

UE 1.1

L'anthropologie est le nom savant désignant la « science de l'homme », effort de synthèse pour rendre compte des grandes caractéristiques d'organisation et d'existence des groupes humains.

1 Sciences constituantes

	Domaine
Psychologie	Psychisme (représentations mentales, organisation des comportements)
Sociologie	Relations sociales et organisation de la vie en commun
Ethnologie	Particularité des cultures et des modes de vie
Économie	Représentations de hiérarchies en valeurs, organisation des échanges
Histoire	Mémoire des chaînes de comportements, conséquences de choix décisifs, évolution des civilisations
Géographie humaine	Conditions de vie des sociétés dans leur bassin physique, aménagement, ressources, circulations, commerce, santé
Archéologie	Vestiges de civilisations passées

2 Objets de l'anthropologie

➤ **Liens aux institutions**

L'anthropologie décline les relations des populations aux :
- pouvoirs et leurs représentants ;
- organisations de protection et de défense, de travail, de nourriture, de communication, d'échange, de commerce, d'éducation ;
- administrations de l'ordre et du désordre, des valeurs, des mariages et filiations, des maladies, de la mort, des transmissions, des cultes envers les puissances sacrées ;
- institutions par rapport à la mort, à la maladie, au manque, à l'histoire, aux mythes, aux religions.

1 Sociologie, anthropologie

UE 1.1

L'anthropologie

MÉMO 1 — SUITE

▶ Liens aux activités

L'anthropologie décline les rapports aux :

– **objets techniques et symboliques** : ustensiles, véhicules, outils, armes, constructions, attributs, vêtements, parures ;

– **conduites d'habitude, d'exception ou de cérémonies** : les rôles sociaux, les attributions, les célébrations ;

– **productions** : les discours, les mémoires, les fabrications, la cuisine, les enfants, les arts, les pensées, les inventions, les croyances, les programmes, …

▶ Langage

Traces, écritures, langues, images, supports…

③ Méthode

La méthode propre de l'anthropologue se compose :

– **d'observations concrètes** sur les façons de vivre, de s'organiser, de réagir aux conditions d'existence, de les modifier ;

– **d'immersion** : l'observateur est immergé dans le groupe sur lequel il enquête ;

– **de contrôle** : l'observateur construit ses observations à partir de son propre vécu et les soumet à la critique objective ;

– **de comparaison de résultats** entre populations étudiées, mettant en évidence (par le jeu des différences et des ressemblances), les cohérences d'ensembles et de sous-ensembles identifiant les diverses cultures et subcultures ;

– d'une **démarche « holiste »**, qui apprécie l'homogénéité d'une population vivant une même réalité : sa culture propre.

⑦ Domaines

● L'anthropologie a d'abord recueilli les récits de voyageurs (marchands, militaires, missionnaires), de colons, d'explorateurs.

● Au XIXe-XXe siècles se systématise l'**exploration méthodique** par les anthropologues « de terrain ».

● Aujourd'hui, l'anthropologie fait essentiellement porter ses travaux au sein des sociétés modernes sur les groupes et les communautés « parallèles », « souterraines », « en marge », en rejet social, en déshérence, en quête de nouveauté (liens sociaux, objets, valeurs, sens).

MÉMO

2 Épistémologie

UE 1.1

Il n'est pas simple de poser la dimension humaine en objet scientifique : la densité de l'expérience sociale des humains résiste à être placée en tant qu'objet (observable et traitable). C'est par l'utilisation de méthodes rigoureuses que l'anthropologie tend vers la science.

1 Complexité

- L'homme étant un animal conscient de son existence, il vit deux mondes emboîtés l'un dans l'autre : celui très réel de sa biologie et celui des signes (représentations, langages) par lesquelles il connaît son corps, il se place dans le flux du temps et se repère, en tant qu'acteur autonome au sein de la société.
- Polysémie : si gestes, conduites et comportements peuvent être décrits, représentés en objet observable, les sens multiples que prend l'objet selon les plans d'interprétation font éclater la notion même d'objet. L'immense profondeur sémantique échappe à la synthèse observable.
- Rétroaction des multiples sens : la connexion des multiples sens entre eux et avec le déroulement du temps complexifie davantage encore le processus. Au fur et à mesure de leur accomplissement, gestes et conduites agissent rétroactivement sur le sens et le modifient, rendant inobservable une évolution aussi complexe toujours en réélaboration.

2 Dix phases du processus dynamique

Soit l'exemple d'une personne aux prises avec l'ouverture d'un coffret, pour illustrer la polysémie rétroactive.

1. Observables : les tâtonnements, les essais, l'approche de la solution qui ouvre la boîte, puis l'échec. On peut observer la personne s'entêter, renouveler des essais.

2. Inobservable : comment gagne le doute de soi, comment, face à la résistance du mécanisme, la personne éprouve de la vexation, s'estime négativement.

3. Observables : conduite énervée. La personne fait désormais n'importe quoi au hasard, secoue le coffret, le casse.

4. Inobservable : son jugement négatif sur elle-même bascule en sentiment d'échec. Car l'essentiel de cette situation échappe à l'observation : reproche interne (représentation de soi) d'avoir brisé ce cadeau, d'éprouver de la

2 Sociologie, anthropologie

UE 1.1

Épistémologie

culpabilité, de penser à cacher l'objet pour ne pas avoir à subir réprimandes et rejet.

5. Inobservable : on ne peut observer ce qui ne se passe pas : que la personne évite de rencontrer le donneur, qu'elle s'accuse de rompre ainsi un lien amical, qu'elle fait le projet d'acheter en cachette un même coffret pour remplacer le cadeau, ni vu ni connu.

6. Inobservable : l'escalade de la souffrance intime d'avoir à mentir, de trahir la confiance, de correspondre à l'étiquette familiale de maladroit, pire à la qualification par les amis d'ingrat, pire encore à l'image du traître rompant le pacte social symbolisé par ce cadeau.

7. Observable : la conduite nouvelle de sortir brusquement dans la rue fumer une cigarette.

8. Inobservable : la personne ressent en sa gorge l'aspiration de la fumée, qui lui procure soudain de la compensation, *via* l'éprouvé somatique : sensation-perception qu'il y a là, dans la fumée, quelqu'un (soi-même) qui aspire/respire, qui est léger comme l'air, qui échappe à la lourdeur du poids de la faute et des ennuis qui s'en suivront.

9. Inobservable : n'est pas objectivable la mutation, opérée par l'exhalaison de fumée, d'un état d'inconsistance déprimée à un état de consistance d'élan dynamique d'existence.

10. Inobservable : le changement de plan des significations (travail mental) est un processus dynamique aléatoire qui transforme radicalement la situation. Il ne peut pas être fixé dans une représentation d'objet stable. Il est pourtant au cœur des comportements sociaux.

❸ Subjectivité et objectivité

• Les comportements humains sont intriqués aux réseaux de signification (langage, codes, communication, culture). Quand l'anthropologie décide de les observer et d'en rendre compte (en faire des objets de science), elle est subjective.
• Mais la rigueur de ses travaux (méthode critique) objectivant sa manière de traiter l'information et de comparer les résultats, tend à l'objectivité.

❹ Hors temps et hors lieu

L'anthropologie étudie les rapports que l'homme entretient avec les utopies et les registres métaphysiques. Au-delà de l'Histoire et des lignées : mythes, figures ancestrales, totems, divinités, représentations traditionnelles des puissances (origine et destinée des peuples) donnent sens et valeurs à l'existence locale.

MÉMO

3 Grandes figures et grands travaux de l'anthropologie

UE 1.1

➤ **Lucien Lévy-Bruhl – Philosophe et anthropologue français (1857-1939)**
- Études de peuples sans écriture, notamment en Afrique : leurs rapports au surnaturel, aux mythes.
- Met à jour la prégnance d'une pensée « prélogique » pour saisir et expliquer les phénomènes et le souci de la cohésion de la communauté prévalant sur les intérêts particuliers des individus.

➤ **Marcel Mauss – Ethnologue français (1872-1950)**
- Étude des échanges non marchands et du don dans les sociétés humaines traditionnelles.
- Met à jour les obligations de donner, de recevoir et de rendre, ainsi que la surenchère du contre-don (cérémonie de « potlach » chez les Esquimaux) qui sert à établir des hiérarchies sociales par la domination.

➤ **James Frazer – Anthropologue écossais (1854-1941)**
- Inventaire des mythes et pratiques religieuses chez sociétés anciennes.
- Met à jour le « tabou » qui, reliant l'interdit et le sacré, préserve les personnages chargés de veiller sur la communauté, ainsi que le lien unissant le tabou au totem d'un peuple pour sauvegarder la puissance protectrice.

➤ **Mircea Eliade – Historien des religions et écrivain roumain (1907-1986)**
- Étude comparative de mythes, rêves, doctrines mystiques et pratiques extatiques chez nombreux peuples traditionnels.
- Expose une synthèse des relations de l'humanité au sacré et de l'organisation des mentalités religieuses.

➤ **Roger Bastide – Sociologue et ethnologue français (1898-1974)**
- Études au Brésil sur les sociétés issues de la rencontre des populations amérindiennes avec les importations d'esclaves africains lors de la colonisation européenne.
- Met à jour les pratiques magiques originales, les rites et les transes, les envoûtements et les exorcismes, les cérémonies de croyances, ainsi que les dérives psychopathologiques du « sacré sauvage ».

3 Sociologie, anthropologie

UE 1.1

MÉMO 3 SUITE

Grandes figures et grands travaux de l'anthropologie

➤ **Georges Dumézil – Historien des civilisations et linguiste français (1898-1986)**

● Parlant une vingtaine de langues, il a étudié comment certains aspects des civilisations anciennes de Chine, d'Inde, de Grèce, de Rome, du Caucase, de Turquie, se recoupaient ou se distinguaient.

● Met à jour le rôle du sacré, la fonction guerrière, le fondement des systèmes de production et reproduction qui font la base des cultures, les explications mythologiques des origines des sociétés, ainsi que les hiérarchies en valeurs originales, fondant la cohérence de chaque société.

➤ **Arnold Van Gennep – Ethnologue français (1873-1957)**

● Étude des légendes et traditions populaires constituant le folklore français. Il est le premier à infléchir l'intérêt de l'anthropologie vers nos cultures régionales.

➤ **André Leroi-Gourhan – Préhistorien et ethnologue français (1911-1986)**

● D'abord spécialiste de l'Orient et en particulier du Japon, où il relève les grands traits de culture traditionnelle. En France (sites préhistoriques), il étudie les figurations paléolithiques dans les grottes.

● Met à jour les sanctuaires religieux des grottes, les significations des vestiges trouvés dans les fouilles : techniques de travail, de vie domestique ou de vie spirituelle des cultures préhistoriques.

➤ **Pierre Sansot – Philosophe et écrivain français (1928-2005)**

● S'immerge dans le quotidien des humbles de nos sociétés (quartiers délaissés des métropoles, gares, jardins publics, bars, stades, couloirs d'institutions).

● Met à jour la subculture « des gens de peu », les « débrouilles », les solidarités, les valeurs, ainsi que les langages et les économies dites « parallèles ».

➤ **Françoise Héritier – Anthropologue contemporaine**

● À partir de constats effectués sur les représentations négatives des femmes en milieu africain, montre comment, partout dans le monde, les femmes subissent des discriminations négatives.

● Met à jour que la nature ne justifie pas stigmatisation et discrimination, que le processus est uniquement idéologique et comment la domination masculine continue à se justifier par de prétendues vérités (mythes, religions, politique, scientologie...).

MÉMO

4 Anthropologie et santé

UE 1.1

❶ Relativité des conceptions santé et maladie

- Les conceptions de la santé, de la maladie et du soin, sont partout dépendantes des valeurs culturelles et sociales de la population :
  – lieux ;
  – époques ;
  – civilisations.
- L'anthropologie comparée fait comprendre que les soucis de santé, les priorités du soin, les idées de l'intervention, varient d'une civilisation à l'autre.
- Diagnostic, évaluation de la souffrance, programme de traitement, appréciation du mieux-être, état de guérison relèvent de représentations fortement teintées de la culture et de la philosophie ambiantes : les savoirs relatifs à chaque société.

❷ La culture scientifique pour éclairer

- La science est le paradigme majeur de nos connaissances actuelles. Elle dépend, comme les autres conceptions, des conditions de production de son savoir (épistémologie).
- La science s'accorde parfois avec d'autres conceptions, peut se combiner avec elles, mais souvent elle s'oppose farouchement à des croyances dont les conséquences sont nuisibles pour la santé.
- L'anthropologie (démarche de connaissance) décèle des logiques de conceptions et de conduites quant aux traitements corporels, aux maladies, aux soins ; elle fait comprendre l'attitude de groupes sociaux quant à des solutions combattant le mal et se protégeant de la mort.
- La connaissance anthropologique éclaire sur les façons qu'ont les civilisations de situer les dysfonctionnements et de leur attribuer un sens, mais elle n'intervient pas pour décider de la nature du soin médical.

4 Sociologie, anthropologie

UE 1.1

Anthropologie et santé

MÉMO 7 SUITE

3 Anthropologie et mobilisation pour le soin

● La connaissance anthropologique fait comprendre perceptions et représentations qu'un groupe ou une communauté se font de la maladie ou du soin, comment leurs logiques s'accordent ou résistent aux soins médicaux.

● Elle fournit la clé pour :
- expliquer au malade et aux proches les choix de traitement ;
- mieux faire accompagner le malade ;
- mobiliser la volonté du patient pour le protocole de soins.

4 Leçons de l'anthropologie

● Il ne faut jamais négliger les appartenances du malade à sa culture, à son réseau de valeurs et à la représentation de son identité car c'est sur elles que le malade s'appuie :
- soit pour se mobiliser en vue de la guérison ;
- soit pour résister au traitement.

● Sont dignes d'intérêt les appels à d'autres logiques (que celle scientifique-médicale), interprétant la signification de la maladie, du mal, des épreuves, méritent l'attention des soignants, voire leur considération, à condition qu'elles ne contreviennent pas à la visée médicale et au soin rationnel.

● Sous prétexte de tradition, certaines croyances nocives sont habilement entretenues par des escrocs, abusant de la crédulité de patients affaiblis et prompts à se laisser illusionner.

● Chez nous aujourd'hui (valeurs de notre société) :
- veille constante contre les risques de santé ;
- priorité au soin médical ;
- recours aux contributions scientifiques pour traiter une personne ou un groupe en danger (biotechnologies, radiologie, scanner, pharmacologie, télé-imagerie...) ;
- paradigme de la solidarité (organisation de la santé, systèmes professionnels, institutions soignantes, sécurité sociale, assurances, générosité publique).

MÉMO

5 Ethnologie

UE 1.1

L'ethnologie rend compte de la variété de l'humanité, qui rassemble de nombreuses « ethnies » (groupes).

1 Science comparative

L'ethnologie est la science qui compare entre elles :
- les institutions s'occupant des grands domaines de la vie sociale : la vie religieuse, la vie familiale, les pouvoirs politiques, les ressources et l'alimentation, les marchés et les échanges, les combats pour la sécurité, les fêtes... Les comportements y sont définis parce qu'il y a des statuts, des rites, des cultes, des réglementations ;
- les activités humaines qui, se retrouvant partout, ont entre elles ressemblances et différences : la cuisine, le travail domestique, la transmission aux jeunes, le vêtement, l'échange, la solidarité, les conduites d'acquisition, de santé, de protection... ;
- les manières de faire une unité sociale, une société dont les institutions et les façons de vivre font cohérence et se différencient d'autres sociétés.

2 Ethnie

- Le sociologue Max Weber appelle « groupe ethnique » un groupe humain :
- partageant une croyance subjective dans leur ascendance commune ;
- ayant des ressemblances dans le type physique ;
- possédant des coutumes identiques et des souvenirs partagés ayant une expérience de la colonisation.
- Pour des auteurs plus récents, l'ethnie est :
- un groupe fermé se réclamant d'une même origine se définissant un ancêtre commun ;
- possédant une culture homogène ;
- parlant une langue commune ;
- ayant une relative unité d'organisation et de défense.

5 Sociologie, anthropologie

UE 1.1

Ethnologie

MÉMO 5 SUITE

③ L'ethnie, une identité

- En approchant les populations inconnues, les premiers enquêteurs constataient que :
  - ils avaient affaire à des unités locales (souvent isolées les unes des autres), sans conscience claire d'appartenance à un territoire bien plus vaste que leur seul horizon ;
  - il y avait des correspondances et des rapports (amis alliés ou ennemis adversaires) entre hameaux, villages, lointains habitats éparpillés le long des voies de circulation ;
  - nulle caractéristique physique ne pouvait constituer un critère stable et sûr pour désigner un peuple (mouvements de populations, croisements).
- Les ethnologues qui leur ont succédé ont pris pour référence :
  - les langages partagés ;
  - les systèmes communs de classement de la société et des conduites d'existence.

▶ Conséquence

Sont devenus critères ethniques les patronymes, les noms de clan ou du lignage et bien sûr la participation à des catégories sociales reconnues, à des coutumes, au fonctionnement du village.

▶ Ethnologie moderne

L'ethnie correspond à :
- une construction sociale identitaire qu'échafaude une population en s'appuyant sur la fiction d'une même ascendance ;
- l'identité de groupe, représentation commune servant de base aux alliances pour la sexualité, la solidarité, la protection, la transmission, le soin, le culte, la prise en compte de l'environnement pour assurer les ressources (chasse, pêche, agriculture, élevage, habitat…) ;
- la cohérence de sens qui fonde et anime les valeurs du groupe.

MÉMO

6 Méthode, outils en ethnologie

UE 1.1

Le grand ethnologue Bronislaw MALINOWSKI (début XXᵉ), observateur de vecteurs de sociabilité chez les paysans d'îles mélanésiennes tels que la sexualité et la criminalité, a codifié les bases méthodologiques : se dépouiller de ses préjugés, partager la vie quotidienne, respecter, constater des faits, accepter le sens donné aux choses.

1 Constitution de monographies

- La méthode de l'ethnologie est essentiellement une observation participante par immersion dans le milieu ethnique. La vie partagée avec les membres de l'ethnie oblige l'observateur à s'ouvrir à la compréhension de leurs logiques et de leurs systèmes de signification.
- Outils : l'enquête, l'observation « de terrain ».
- Objectif : collecter des documents fiables.

2 L'ethnographie

- L'ethnographie est la récolte du matériau original à chaque culture, pour le consigner dans la monographie.
- Elle recueille des témoignages culturels : objets, archives, récits, documents dessinés, photographiés ou filmés, enregistrements de musiques, de chants, de cérémonies...
- Elle inclut le journal de l'ethnologue.

3 Méthode de comparaison critique

➤ Valeur de la différence

La diversité des ethnies ne donne pas lieu à un classement par valeurs de progrès ou par approche de la vérité : aucune organisation sociale n'est prise pour modèle vers lequel les autres groupes devraient tendre ; chacune est respectée en tant que mode original d'organisation apportant à ses membres les réponses dont ils ont besoin pour vivre et trouver du sens à leur existence.

6 Sociologie, anthropologie

UE 1.1

MÉMO
6 SUITE

Méthode, outils en ethnologie

► **Le journal de la réflexion de l'ethnologue**
– impose le recul critique sur ses propres grilles de compréhension et d'interprétation ;
– est outil critique : la culture et les références de l'ethnologue sont interrogées par celles de l'ethnie observée.
Le journal sert de protection contre les projections et l'ethnocentrisme.

4 Moments de la méthode (selon Lévi-Strauss)

Trois moments scandent le travail, qui va du très particulier (ethnographié) au groupe ethnique (ethnologie) puis à la généralisation (anthropologie).

► **Moment de l'ethnographie**
Consigne les données de l'observation directe, sous forme de monographies, tous les aspects de la société étudiée.

► **Moment de l'ethnologie**
Fait la synthèse des descriptions et tente de dégager une compréhension générale de la société (systèmes sociaux), comment la société est organisée et travaille à son devenir).

► **Temps de l'anthropologie**
Par comparaison ou mise en relation de divers domaines, par connaissance des systèmes, manifeste l'existence de propriétés générales de la vie sociale.

5 Posture

Accueil sans jugement :
– des réalités rencontrées, sans souci de hiérarchiser ni de moraliser : il n'y a pas de façon d'exister qui soit « meilleure » qu'une autre ;
– des hiérarchies en valeurs : morale, hiérarchies correspondent au fonctionnement systémique propre à chaque ethnie, aux régulations internes du groupe ;
– des croyances : les religions sont l'un des faits sociaux, composées des comportements pour conjuguer les liens sacrés, les alliances avec les divinités, pour conjurer les forces néfastes et le mystère de la mort.

MÉMO

7 Ethnocentrisme

UE 1.1

L'ethnocentrisme correspond à de l'égocentrisme culturel : refus de considérer la qualité des organisations d'autres peuples, jugées de moindre valeur que sa propre ethnie.

1 Repères historiques

➤ Barbares

Les Grecs antiques ne prenaient pas d'intérêt aux « barbares », terme étendu peu à peu à tout étranger qui ne maniait pas la langue grecque et qui n'harmonisait pas ses mœurs sur la civilisation d'Athènes.

➤ Sauvages

Plus tard, les Romains utilisaient le terme de « sauvage », construit sur l'étymologie du mot *sylvestre*, « forêt », pour désigner ceux qui n'avaient pas les civilités et le civisme de la ville par excellence, Rome.

Ces deux façons de minorer l'autre ont laissé des traces chez les aventuriers des voyages d'exploration et *a fortiori* au moment des conquêtes de colonisation des XVIIIe et XIXe siècles.

2 Narcissisme et rejet

- L'éblouissement par sa propre image donne l'illusion que seul est digne de valeur ce qui est comme soi.

Ce qui constitue l'ailleurs, l'autre est nié ou rejeté.

- L'ethnocentrisme peut aussi correspondre à une violence d'assimilation de l'autre à soi.

Au nom de l'égalité, c'est l'homogénéité : autrui est posé en tant qu'identique à soi, ce qui interdit de considérer l'autre dans sa différence ; négation de la singularité d'autrui.

3 « L'européocentrisme », erreur de l'ethnologie débutante

- Les initiateurs de l'ethnologie ne se rendaient pas compte qu'ils projetaient sur les peuples étudiés leurs catégories d'intellectuels européens.

Ils en minimisaient la valeur culturelle.

7 Sociologie, anthropologie   UE 1.1

Ethnocentrisme

- Cependant les progrès de la science relativisent progressivement l'importance des cadres conceptuels européens et corrigent l'erreur.

Ils apportent la relativité, dégagent des hypothèses de cohérences sociales alternatives à celle de l'Europe.

❹ Primitifs de l'évolution vers le Progrès

- Au cours du XIXᵉ siècle, les ethnies sont situées dans le cadre d'une histoire universelle de l'humanité.

Leur diversité est reconnue. Mais le paradigme de l'Évolution vers le Progrès en fait les témoins attardés des premières époques de l'humanité (les « primitifs »).

- De nombreux travaux des pionniers de l'ethnologie sont entachés de cette erreur d'optique, due à la conception d'un progrès linéaire des mentalités depuis la sauvagerie, en passant par les stades de primitifs, jusqu'à l'apogée de la civilisation supérieure (à forte image européenne puis nord-américaine courant du XXᵉ siècle).

- L'étude des systèmes de lignage devient l'un des axes déterminant pour comprendre l'organisation sociale, car elle fait apparaître des structures fondamentales (à la parenté, aux alliances, aux systèmes d'échanges, aux systèmes de valeurs, à l'organisation des activités) :
  - elle montre la complexité des tissus sociaux, la richesse des mœurs ethniques ;
  - elle détruit la prétention à dessiner le vecteur absolu du Progrès sur critère occidental ;
  - elle met fin à l'erreur ethnocentrique.

MÉMO 8 Systèmes de lignage

UE 1.1

- Les travaux ethnologiques portant sur la structure des alliances et des parentés (structuralisme) mettent à jour comment :
- chaque ethnie a les siennes ;
- de savantes combinaisons décident des alliances, donc des descendances, des lignées d'héritages, d'attribution de charges ou d'honneurs, de l'exercice de pouvoirs et de fonctions sociales ;
- des liens de génération, fratrie ou parenté, régulateurs des comportements ;
- l'exogamie et l'endogamie commandent les alliances sexuelles à l'extérieur ou à l'intérieur du groupe ;
- la monogamie, la polygamie, la prohibition de certaines personnes sont des pratiques sexuelles contribuant pour beaucoup à stabiliser l'ordre social par le respect de distances convenues ;
- le tabou de l'inceste, loi constante pour établir et conserver l'ordre social, force les membres d'une ethnie à aller chercher dans une autre ethnie des croisements avec des étrangers (régénération).
- Les structures et les liens font apparaître chez une ethnie l'importance de :
- proximité/distance : elle sert coopération, entraide, protection, respect, considération sociale ;
- gamme définie des rôles : missions et occupations de chacun en dépendent ;
- hiérarchie : pour l'organisation des influences, des pouvoirs, des honneurs, des tâches, les hiérarchies intègrent les rangs de naissance, les âges, les ascendances, les richesses, les rapports au sacré, aux mythes ;
- sexe : les rôles sexués sont à la clé de nombreux systèmes. Au-delà de la famille, hommes et femmes ont des identités séparées, qui s'obtiennent selon des rites validés par toute la communauté, qui y participe et y trouve son ciment ;
- partitions temporelles : la **génération** n'est pas un vague repère, elle est un marqueur social déterminant tout au long de l'existence de l'individu. Elle fournit des repères (droits et devoirs de solidarité envers son groupe) ;
- stabilité : en toute ethnie les groupes sont définis par la tradition. Ils ont tendance à être clos plutôt qu'ouverts. L'**appartenance** est prescrite par la tradition ; elle ne relève pas de l'adhésion volontaire par libre choix individuel.

8 Sociologie, anthropologie

UE 1.1

MÉMO

UE 1.1

6 Ethnologues et domaines réputés

➤ Marcel Granet
Sinologue et ethnologue français (1884-1940)
- Spécialiste de la Chine ancienne.
- Étude des fêtes, des chants, des danses, des cérémonies, sur la vie privée en Chine et l'organisation sociale chinoise.

➤ Bronislaw Malinowski
Anthropologue britannique d'origine polonaise (1884-1942)
- Il s'immerge dans les sociétés mélanésiennes des îles Trobriand (Polynésie) où il est le premier à pratiquer « l'observation participante ».
- Étude des échanges, de l'économie, des familles, des pouvoirs, de la religion, de la morale.
- Découvre l'organisation matrilinéaire de la culture.

➤ Margaret Mead
Anthropologue américaine (1901-1978)
- En Océanie, chez les Mélanésiens.
- Étude des mœurs et notamment la sexualité. En comparant les modes de vie des différentes îles, elle montre que les genres masculin ou féminin ne sont pas qu'affaire de caractères physiques : ils sont fortement déterminés par le conditionnement social.

➤ Claude Lévi-Strauss
Ethnologue et anthropologue français (1908-2009)
- Chez les Amérindiens du Brésil et d'Amazonie, étude :
  - des structures de la parenté, des échanges entre familles et tribus permettant les croisements ;
  - des mythes ;
  - d'organisation des connaissances ;
  - des répartitions de fonctions, rôles, moyens d'existence.
- Claude Lévi-Strauss, dès les années 1980, a alerté sur le risque de disparition des diversités culturelles et des richesses naturelles.

9 Ethnologues et domaines réputés

MÉMO · SUITE

UE 1.1

➤ **Marcel Griaule**
  Ethnologue français (1898-1956)
- Il inaugure l'ethnologie française de terrain en Afrique, chez les peuples de la boucle du Niger et les Dogon.
- Étude de leur cosmogonie et de leurs riches pratiques culturelles.

➤ **Françoise Héritier**
  Anthropologue contemporaine française
- Compare les sociétés africaines pour affiner les théories des échanges, des interdits, des tabous – dont l'inceste.
- Étude de la domination masculine. Ses travaux, étayés par nombre d'histoires de femmes servent de référence et d'argument pour lutter contre la discrimination subie par les femmes dans le monde.

➤ **Ethnologie contemporaine**
Par-delà les études d'ethnies encore relativement épargnées par la standardisation mondiale, l'ethnologie se penche désormais sur les conditions de vie de groupes issus de pressions :
- regroupements de travailleurs importés autour d'usines ;
- émigration professionnelle ou politique ;
- rébellion paramilitaire, guérilla, guerre tribale ;
- immigration et insertion ou clandestinité ;
- regroupements ethniques dans les mégapoles ;
- populations exploitées (travail d'enfants, prostitution) ;
- groupes subissant les bouleversements des conditions de vie par mutations géopolitiques du cadre de vie sous l'effet du tourisme international, des pressions économiques, de la paupérisation, des transformations agricoles, des famines, des déplacements de populations, des guerres, des camps de réfugiés, etc.

9 Sociologie, anthropologie

UE 1.1

MÉMO

UE 1.1

10 Sociologie

1 Science

L'objet de la sociologie est l'interaction des pratiques sociales :
– systèmes de relations entre les individus ;
– fonctionnement des institutions faites pour stabiliser et contrôler l'ensemble social ;
– dynamiques sociales, évolution des sociétés ;
– dynamiques des groupes, des communautés, des liens entre acteurs sociaux.

2 Sociologie de la santé

• Manières dont le politique s'occupe :
– des corps bien portants dans le cadre de domaines (éducation, armée, travail, circulation…) ;
– des situations qui relèvent de la prévention contre les risques (travail, intoxications, obésité, maternité…) ;
– des accidentés ou malades ou vieillissants…

• Vie et relations de groupes s'occupant de santé :
– acteurs de la santé ;
– institutions de soins ;
– laboratoires ;
– plateaux techniques ;
– assurances…

• Conduites des utilisateurs d'institutions de santé, des créateurs de systèmes de soin, des acteurs du soin.

3 Épistémologie

« LA Société », qui serait l'ensemble des sous-ensembles sociaux que sont les microsociétés, n'est qu'une construction mentale. En réalité, « LA Société » n'est pas un objet observable.

10 Sociologie
SUITE

UE 1.1

C'est par sa rigueur méthodologique que la sociologie tend vers la science :

1. soit elle assume son regard très partiel sur une catégorie sociale, qu'elle analyse : elle est alors pragmatique.

2. soit elle est spéculative (extrapolation globalisante, modèles d'intelligibilité pour expliquer règles de groupes et comportements des acteurs sociaux), proche ainsi de la philosophie politique.

3. soit elle centre son étude sur un objet observable : le conflit social, dont elle analyse les formes et les dynamiques. Dans ce cas la sociologie porte sur les rapports de puissances au sein d'un système social :

– qui se mobilisent pour résister au changement ;
– qui se mobilisent pour le changement ;
– qui font rupture, crise et dépassement (révolution), afin que le système soit transformé.

4 L'objet « conflit »

➤ Études sociologiques sur quatre niveaux

1. Identité du conflit : acteurs, objet du conflit, enjeu, intérêts respectifs des groupes adverses.

2. Les représentations, les valeurs et les normes qui modèlent le comportement social des acteurs : idéaux à atteindre, processus d'alliances ou d'adversité, conflits de valeurs.

3. Dynamique des groupes (rapports des membres des groupes entre eux : compétition, séduction, domination, élimination).

4. Les rapports d'opposition ou de rapprochement, de médiation, de pacification entre les groupes (antagonisme/agonisme).

➤ Le conflit, moteur du changement social

Une branche de la sociologie, dite « néo-marxiste » montre que le changement social se produit à cause de conflits entre groupes, cultures, membres, classes, échelons ou secteurs de l'organisation sociale.

La société est vue non pas telle un ensemble d'ensembles, mais telle une dynamique globale de circulation d'affrontements. Le sociologue en est le spécialiste.

10 Sociologie, anthropologie

UE 1.1

MÉMO

UE 1.1

11 Méthode, outils

1 Objets

Ayant affaire à du matériau humain, la sociologie travaille sur deux registres :
– les faits bruts observés dans le réel (le vu, entendu, enregistré) ;
– les faits relevant des représentations (imaginaire, symboles) donnant du sens aux choses sociales (cru, interprété, signifié).

2 Phases de l'étude sociologique

A Recueil d'information

▶ **Enquête**
But : connaître la répartition quantitative des faits (réels ou représentés).
Outil : enquête par questionnaire auprès d'échantillons représentatifs de catégories sociales (âges, habitat, CSP, appartenances, etc.).

▶ **Sondage**
But : fournir rapidement et approximativement des répartitions d'opinions ou de choix.
Outil : carottage sur des échantillons restreints à qui sont posées des questions fermées.

▶ **Focus-groupe restreint**
But : approfondir des thèmes, idées, problèmes.
Outil : réunion-discussion d'un échantillon de personnes concernées.

▶ **Relevé de témoignages**
But : apprécier des phénomènes collectifs, évaluer leur évolution dans le temps.
Outil : enquête qualitative auprès de personnes ressources par questions ouvertes et entretien non-directif.

▶ **Analyse d'archives**
But : collecter des traces.
Outil : traitement de documents.

11 Méthode, outils

MÉMO SUITE

UE 1.1

➤ **Comparaison de données**

But : identifier des différences et des ressemblances.
Outil : comparateurs statistiques.

B Traitement d'information

Outils principaux :
– traitement statistique des données obtenues dans l'enquête ;
– traitement descriptif et interprétation des corrélations ;
– catégorisation : fixe les appartenances, les regroupements en types, en classes, en groupes ;
– corrélation et croisement de données : apportent du sens aux quantités, identifient les facteurs sous-jacents à la base des données.

C Modélisation

Les faits sociaux, réels ou représentés, sont interprétés et intégrés à la modélisation de certains aspects dynamiques des sociétés.

➤ **Le modèle d'interaction**

Interfaces dynamiques entre les individus et leurs groupes sociaux.

➤ **Le modèle holiste (global)**

Système et fonctionnement de l'ensemble de la société, avec ses sous-ensembles (groupes) et ses segments (microgroupes, membres).

➤ **Le modèle d'acteur**

Jeu des influences entre acteurs selon les rôles, les statuts, les fonctions, les hiérarchies de pouvoirs et de valeurs sociales.

➤ **Le modèle d'intégration**

Rapports et relations conduisant un individu à devenir membre de(s) groupe(s).

11 Sociologie, anthropologie

UE 1.1

MÉMO

UE 1.1

12 Stratification sociale

Selon le sociologue Max Weber, la stratification sociale repose sur :

– *la propriété ;*
– *le pouvoir ;*
– *le prestige.*

Ces domaines sécrètent chacun une série hiérarchisée, où chaque membre se repère et positionne les autres.

L'école « fonctionnaliste » fait de la stratification une nécessité de la vie collective : pour assurer son fonctionnement, la société s'organise en strates, afin d'assurer les diverses fonctions du système social.

❶ Quadrillage

Tout système social affecte aux membres de la société des places, des statuts, des rôles :

– certaines sociétés sont très quadrillées, les repères et les cloisonnements étant très minutieusement définis ;
– pour d'autres sociétés, les distinctions sont plus floues et l'organisation est souple, avec parfois des recouvrements de catégories.

L'anthropologue Roger Bastide a montré que les groupes à civilisation ancienne connaissent déjà une inégalité des positions sociales.

▶ Sexe et âge

Ce sont les premiers critères de différence de privilèges.

▶ Découpage en strates selon la tradition

● Castes, en Inde : catégories religieuses opposant le pur et l'impur, condition-nant métiers, tâches, alliances, habitat… ;
● Ordres traditionnels, en Occident : les ordres de l'ancien régime constituaient un système hiérarchique héréditaire (noblesse, bourgeoisie, roture) détermi-nant des fonctions honorables, des rentes, des privilèges, ou non.

12 Stratification sociale

SUITE

UE 1.1

➤**Hiérarchie de réussite par investissement**

• Milieu des affaires, XIXe siècle et début XXe siècle : l'industrie, le capital, les progrès techniques et le commerce international sécrètent de nouveaux découpages de classes (les grandes familles, les empires industriels, les élites).

➤**Hiérarchie de succès par spéculation de finance ou d'image**

• VIP, fin XXe siècle et début XXIe siècle : nouvelles couches (*jet-society*) liées aux bourses sur les matières premières, au business international, à la spéculation foncière sur grande échelle, aux métiers de la banque et de la finance, aux vedettes (mode, spectacle, sport, communication...).

❷ Élitisme et blocage de société

• En Europe, contrairement aux États-Unis ou au Brésil, les élites sont des descendants de privilégiés, se protègent entre elles. Elles tendent à conserver leur position :
– transmission de patrimoine ;
– écoles de prestige ;
– aides financières réseaux.

• En France, l'École républicaine, au XIXe siècle et au début du XXe siècle, avait réussi à mixer les origines des enfants.

• Aujourd'hui, les inégalités d'accès à la connaissance et aux postes de responsabilité s'accroissent :
– zones défavorisées ;
– sexe féminin ;
– lignage étranger...

• Cette rigidité fait frein à l'évolution de la société française, qui ne bénéficie pas de la dynamique qu'apporteraient :
– une réelle mixité culturelle ;
– la synergie des âges ;
– la diffusion extensive (*via* le numérique) de la connaissance.

On parle en France de « société bloquée ».

12 Sociologie, anthropologie

UE 1.1

UE 1.1

MÉMO

13 Organisation

Toutes les sociétés fonctionnent en tant que système organisé.
- *Chaque système a son homogénéité et vise un but propre.*
- *Il se subdivise en groupes et sous-groupes, qui visent des buts particuliers mais qui mettent aussi en commun des moyens pour viser un bien supérieur, défini commun à tous, par solidarité.*

1 Solidarité

Le sociologue français Émile Durkheim (fondateur de la sociologie française au milieu du XIXe siècle) voit l'organisation selon deux formes de solidarités.

► La solidarité « mécanique »

C'est une solidarité par similitude. Les individus ou les sous-groupes relativisent leurs différences, ont les mêmes croyances et valeurs.

► La solidarité « organique »

Les différences font des spécialités, qui combinent leurs apports respectifs.
Joue la complémentarité.
Les conflits apportent le mouvement.
Les deux solidarités composent et animent le système social, à tous les niveaux de ses sous-groupes et groupes respectifs.

2 Styles de vie

Les styles de vie sont en rapport avec le type d'idéal, de solidarité, d'économie et de consommation.
Ils sont homogènes à chaque groupe.
Par exemple : l'habillement, la résonance aux discours de leaders, les nourritures terrestre et intellectuelle, les possessions et utilisations d'objets, les structures de dépenses, les sensibilités à la mode façonnent des modes d'être dont s'empare le marketing (consommation) ou le militantisme (politique).

13 Organisation
SUITE

UE 1.1

3 Pouvoir

- Les élites cumulent les pouvoirs (politiques, financiers, intellectuels, médiatiques, religieux...).
- Les partages de pouvoir sont normalement codés par les institutions (règles). Le style de langage affiche l'exercice du pouvoir.

➤ Luttes de pouvoir

Le pouvoir fait souvent l'objet d'âpres luttes entre les sous-groupes pour le garder ou l'acquérir (clans rivaux, prétendants, successeurs...).
- La dynamique psychologique vient parfois brouiller les cartes de la sociologie institutionnelle (sociopolitique) : un leader émerge soudain, ou bien une personnalité falote affaiblit une gouvernance et offre des opportunités de s'emparer du pouvoir à un clan rival.
- Le pouvoir peut tenter de maintenir l'immobilisme du système, mais les évolutions des modes de production, les conflits sociaux, les déplacements de richesses, sont les moteurs du changement social.
- Les révolutions bouleversent radicalement le système et son pouvoir.

4 Dynamique sociale

➤ Jeu d'intérêts convergents

L'organisation du travail, par exemple, place les membres d'une institution de production :
- en position de complémentarité (postes, fonctions) ;
- mais aussi de rivalité (avancement, avantages) ;
- et d'identification à l'idéal (prestige de la marque).

➤ Jeu d'intérêts divergents

- Décalages hiérarchiques.
- Décalages sectoriels.
- Décalages de revenus de chaque salarié (historique personnel).
- Philosophie personnelle du salarié (mode d'existence hors travail).

Rapports de forces internes et externes font l'économie de l'organisation : fonctionnement normal, dysfonctionnements et crises, ou blocage par conflit.

MÉMO

UE 1.1

14 Personnalités et domaines réputés

▶ Emile Durkheim
Sociologue français (1858-1917)
- Considéré comme le fondateur de la sociologie moderne, études sur le lien social tel qu'il rassemble au sein des pratiques religieuses.
- But : trouver les fondements de toute société.

▶ Max Weber
Sociologue allemand (1864-1920)
- L'un des fondateurs de la sociologie, étude de l'économie capitaliste, centrée sur les individus et leurs motivations à agir.
- But : montrer comment se mobilisent les acteurs sociaux et se créent les valeurs de groupe.

▶ Maurice Halbwachs
Sociologue français, mort en déportation (1877-1945)
- Études sur le lien social et les modes de vie, avec enquêtes au sein de la classe ouvrière.
- But : montrer comment la mémoire collective fixe et interprète des références qui deviennent foyers de cohésion pour des groupes.

▶ Raymond Aron
Philosophe et sociologue français (1905-1983)
- Études de sociologie politique sur les transformations de la société française.
- But : montrer la valeur politique du modèle économique libéral.

▶ Michel Crozier
Sociologue contemporain français
- Étude du phénomène bureaucratique.
- But : montrer les stratégies des agents dans les organisations. Dénoncer le déviement d'énergie des acteurs sociaux par l'administration.

▶ Alain Touraine
Sociologue contemporain français
- Études en sociologie du travail sur les rapports de pouvoir.
- But : identifier les nouvelles formes de mouvements sociaux (contre dominations et discriminations).

14 Personnalités et domaines réputés

MÉMO SUITE

UE 1.1

➤ Pierre Bourdieu
Sociologue français (1930-2002)
- Étude des mécanismes de la reproduction des hiérarchies sociales, du conformisme, des rapports de domination et des violences symboliques.
- But : lutter contre les forces d'assujettissement et d'aliénation.

➤ Raymond Boudon
Sociologue contemporain français
- Étude des choix de mode de vie.
- But : montrer comment les acteurs sociaux doivent composer avec la réalité qui limite leurs ambitions, mais agissent leur liberté en créant collectivement de nouvelles formes de choix.

➤ Edgar Morin
Sociologue contemporain français
- Étude des mutations sociales, notamment créées par la culture de masse.
- But : identifier les facteurs de changement, les transferts d'information et la nature de l'évolution cognitive dans la société contemporaine globalisée.

➤ Vincent Caradec, Serge Clément et Marcel Drulhe
Spécialistes contemporains de la sociologie de la santé
- Domaines :
- – évolution du mode de vie en fonction du vieillissement et du cumul des pathologies ;
- – types de relations avec les institutions sanitaires ;
- – image de la santé et des soins chez le public selon les appartenances sociales ;
- – nature de la demande de soin en fonction des caractéristiques sociologiques des populations.

14 Sociologie, anthropologie

UE 1.1

MÉMO

UE 1.1

15 Systèmes de parenté

Pour comprendre le moteur de cohérence des sociétés.

1 Du biologique au sociologique

L'ethnologie et l'anthropologie ont accumulé quantité de matériaux sur les systèmes de parenté, quand les sociétés étaient davantage repliées sur elles-mêmes que celles d'aujourd'hui : laboratoires *in vivo*.

▶ Découvertes

- La parenté était l'opérateur de l'ensemble de la société :
  - la plupart des fonctions et des hiérarchies d'autorité et de pouvoir lui étaient rattachées.
- Il ne s'agit pas uniquement de parenté biologique :
  - la parenté sociologique est élargie à la consanguinité et, davantage encore, au système des alliances, tissus de relations sociales fixées par symboles.

2 Relations symboliques

Selon Claude Lévi-Strauss :

- Les liens de filiation ou de consanguinité ne sont pas objectifs, mais sont uniquement symboliques.
- Ils n'existent que dans la conscience des hommes : c'est par la parole qu'est établie la relation entre les choses et les êtres.
- Ils sont reconnus dans un système de représentations (symboles) propre à un groupe (ethnie).
- Le « système de parenté », intègre donc alliances et échanges que fixent les mariages.
- La prohibition de l'inceste (qui oblige à trouver ailleurs que chez soi les partenaires sexuels) est le point de départ des échanges.
- Le registre de l'alliance est symbolique (mental), et non plus biologique (consanguinité).

15 Systèmes de parenté

MÉMO SUITE

UE 1.1

3 Exogamie

➤ Règles d'échanges

La prohibition de l'inceste interdit d'épouser mère, sœur ou fille ; en contrepartie la règle oblige à donner mère, sœur ou fille à autrui.

➤ Alliances familiales

Chaque ethnie précise l'organisation des alliances. Elle fixe les catégories de sous-groupes où sont possibles les mariages des hommes et ceux des femmes.
• Rapprochements et distances de groupes en dépendent, avec nouvelles séries d'échanges, d'obligations, d'interdictions.
• La « pensée sauvage » est complexe (primitif n'est pas « primaire ») : elle distingue, classe, combine en structure la réalité pour dynamiser les échanges et stimuler le renouvellement.

4 Réalité humaine en commun

• Structurer les alliances et les échanges est une marque de fabrique de l'esprit humain : base d'ordre et de régulations.
• Il existe une structure mentale universelle : les systèmes de parenté constituent la base de tous les systèmes de communication (les femmes, comme les paroles, circulent entre les hommes).
• Vie quotidienne, vie domestique, modes de vie, croyances, traditions, organisation des savoirs, éducation... sont analysées par les sciences humaines sous l'angle des structures d'ordre et de communication : la réalité humaine correspond à la mutation des rapports naturels en relations culturelles.

15 Sociologie, anthropologie

UE 1.1

MÉMO

16 Mythe

UE 1.1

1 Récit de société

- Récit anonyme, manifestement fictif, qui cependant entraîne l'adhésion des auditeurs.
- L'invraisemblance ne fait pas obstacle à la croyance en ce qui est conté.
- Récit expliquant les aspects majeurs de la société :
  - il définit les rapports de souveraineté, issus de relations anhistoriques entre le monde des hommes et le monde des esprits supérieurs : dieux, ancêtres, puissances spirituelles ;
  - il légitime la hiérarchie en place ;
  - il dessine et répète les repères symboliques de la société ;
  - il fournit des arguments qui légitiment les institutions et le fonctionnement du pouvoir ;
  - il s'attarde sur certains aspects de la morale réglant la civilité de la société.

2 Fonction

➤ Connaissance primaire

Pour les anthropologues du XIXe siècle (sensibles à l'évolutionnisme), les mythes ont d'abord été pris pour de premières étapes de la connaissance du monde (construite selon des perceptions locales partielles).

➤ Désignation et conditionnement

Dans les années 1930-1940, la conception du mythe devient « fonctionnaliste ».

- Le mythe ne donne pas des explications, il fonctionne comme indicateur : il pose des formes repérables par tous, il désigne.
- Il est moyen d'apprentissage et de conditionnement pour fixer les identités et l'obéissance à l'autorité symbolique que le groupe s'est donnée et qu'il doit vénérer sous peine de dissolution.
- Le récit du mythe renforce la cohérence et la stabilité du groupe en répétant les formules : comment sont organisées les parties du monde et les parties de la société, en inventoriant les objets qui composent l'univers d'une ethnie.

16 Mythe

MÉMO SUITE

UE 1.1

③ Mythologiques

➤ **Conception « structuraliste »**

Le mythe n'est plus perçu comme un appareil s'ajoutant au dispositif social (un outil), mais comme une grammaire des règles organisant la société.

Dans les années 1960-1980, Claude Lévi-Strauss bâtit les « Mythologiques », à comprendre comme mythes = logiques.

• Il analyse près d'un millier de récits mythiques, provenant de plus de 200 peuples indiens d'Amérique du Sud et du Nord, consignés par des ethnographes.

• Il dresse l'inventaire :

– des façons mentales d'ordonner le réel touffu ;

– des façons d'organiser la réalité culturelle de chaque peuple.

➤ **Découverte**

Pour mettre de l'ordre, l'esprit n'obéit qu'à lui-même, indépendamment de ce qui est perçu du réel confus :

– il joue avec les oppositions (comme un langage) ;

– tout mythe est une langue, obéissant à des logiques (par des combinaisons de signes, des inversions, des symétries, des emboîtements ou des associations d'images) ;

– tout mythe est un récit composé de signes logiques de cette langue étrange.

④ Conséquences cognitives

• Construit (comme l'est le rêve avec une logique de langue), un mythe peut être « interprété » et livrer le sens des intentions premières de l'ethnie qui le conte.

• Un mythe éclaire sur la façon cognitive utilisée par un peuple pour bâtir son monde et le vivre.

• Chaque peuple est identifiable par son langage et pas ses mythes.

• La langue mythologique possède une architecture cognitive commune à tous les humains (comme le langage), elle est une structure mentale élémentaire de la condition humaine.

16 Sociologie, anthropologie

UE 1.1

UE 1.1

MÉMO

17 Don, dette, lien

À la fin du XIXe siècle, des observations intriguent : chez certaines ethnies indiennes (Amérique), faire un don à autrui (ou à une communauté rivale) est accompli devant de nombreux témoins, avec un certain apparat et au cours d'une cérémonie festive.

1 Cycle de la dette

- Les observateurs comprennent que le don déclenche aussitôt la nécessité d'une réponse : un contre-don.
- En apparence gratuit, le don entraîne en fait trois obligations :
  - recevoir le don ;
  - rendre ;
  - rendre en valeur supérieure (rendre en mieux).
- Le donataire est quelque peu piégé par le donateur : doit se soumettre à un échange, doit payer en sus.
- Sous des dehors d'amabilité et de civilité, apparaît un sens caché : ce type de don possède en fait une dimension de rivalité.

2 « Potlatch »

► Défi public

- Cérémonie du don/contre-don, le « *potlatch* » est donné dans des circonstances politiques ou sacrées (funérailles, installation de l'héritier, rite d'initiation totémique) où la communauté se rassemble, avec ses divers groupes.
- Défi en cycle de dette, il anime, par étapes festives de distribution de cadeaux et libations, la joute de la surenchère.
- En obligeant son rival à « suivre » et à surmonter, le donateur acquiert sur lui de l'ascendant.

► Escalade

- La surenchère porte sur des biens, de la richesse, mais aussi des politesses, des promesses de festins, d'aides (militaires ou agricoles ou d'aménagement)...
- Le perdant ruiné doit accepter sa défaite et se ranger sous le pouvoir du vainqueur.

17 Don, dette, lien

MÉMO SUITE

UE 1.1

➤ **Destruction**

La dernière étape stupéfait les observateurs occidentaux : les objets et valeurs accumulés par le vainqueur sont détruits :
– la spirale de la surenchère ne conduit pas à rafler les mises du perdant ;
– le chiffrage des richesses engagées n'a servi qu'à fixer la haute valeur des protagonistes, les choses elles-mêmes ne comptent pas.

➤ **Lien**

● Détruire les objets de la joute sert :
– à fixer le symbole de haute valeur ;
– à alimenter le récit de la hauteur des enjeux ;
– à honorer la magnificence du vainqueur ;
– à perpétuer le mythe du groupe (actualité de sa gloire souveraine *via* la joute réussie en présence de la communauté).

● Marcel Mauss (*Essai sur le don*, 1942) montre que le « potlatch » est fait pour que se manifeste régulièrement au peuple le lien profond qui le fait tenir ensemble :
– par les valeurs symboliques que le dispositif lui rappelle (culture rituelle) ;
– sous l'autorité des puissances qu'il s'est données (mythe) et qu'il vénère (religion).

17 Sociologie, anthropologie

UE 1.1

MÉMO

18 Religion

UE 1.1

1 Science et religion

▶ La religion est un fait social

Une religion est le fait d'un compromis entre deux ordres d'activités :
- des témoignages de rapports à la transcendance et des honneurs qui lui sont réservés (dimensions du sacré et du culte) ;
- l'organisation sociale administrant et gérant la condition humaine des croyants (sociologie des fidèles).

▶ Objets scientifiques

Les sciences humaines ne délibèrent pas sur le bien-fondé en vérité du contenu des croyances. Elles ont pour objets :
- la dynamique des institutions religieuses ;
- les attitudes des croyants ;
- la dimension sociopolitique des croyances.

▶ Observables : conduites et institutions

Chez les croyants, l'exercice de la foi fluctue entre deux pôles.
- Le « sacré sauvage » (Roger Bastide) où la dimension divine est atteinte indépendamment des institutions religieuses.
- Les organisations institutionnelles gérant la foi pour la collectivité, organisant et contrôlant culte, formation religieuse, encadrement des fidèles.

2 Relations au sacré

▶ Mystique

- La relation mystique (au mystère transcendant) pose problème à l'institution religieuse :
  - elle est un désordre hors institution ;
  - elle est utilisable en tant que témoignage du sacré, confirmant la vérité du dogme et le bien-fondé du culte ;
  - elle doit être encadrée sans être anéantie.

1. Voie d'accès au sacré par effervescence : expériences spirituelles collectives par excitation émotionnelle, fondée sur un optimum de participation des fidèles

18 Religion
MÉMO SUITE

UE 1.1

utilisant prière en nombre, dramatisation, chants, rythmes, danses, théâtralisation (possessions, prêches, témoignages). Le sacerdoce excite.
Mais vigilance contre les débordements que l'aspect fusionnel risque de provoquer.
2. Voie d'accès au sacré par recueillement intime, fondée sur la prière personnelle, silencieuse et privative, fondée sur un maximum de distanciation, épreuve raffinée et épurée. Le fidèle minimise le besoin naturel, s'oublie, efface les exigences temporelles au bénéfice du contact à la puissance sacrée. L'ermite au désert ou au cachot en est la figure type.

➤ **Culte institutionnalisé**

• La mystique n'est jamais perdue de vue par l'autorité religieuse, attentive à ce que l'exemple abonde correctement le dogme.
• Les expériences mystiques sont mutées en récit (tradition orale ou textes sacrés) : livres saints, récits d'extases, d'exploits, de miracles, de visions, voix, sensations extraordinaires (prophètes, héros, saints, martyres, témoins, tous dignes de foi) constituent le dogme en vérité.
• Le culte officiel allie l'incitation (spirituelle, intellectuelle, merveilleux) et la contrainte du dogme : rites sacerdotaux, cérémonies cycliques, pompe et solennité... fixent le cadre aux expériences du sacré (le « numineux »).

❸ Les religions qui divisent

• La religion, cristallisation de valeurs et d'idéaux, est souvent le moteur de luttes (Karl Marx) contre l'autre qui veut imposer son Autre.
• Au nom de sa morale fraternelle pacifiante et sa proclamation d'idéal à vivre, le fait religieux peut devenir arme de guerre : guerre sainte.
• Le postulat du parfait que vise la vie religieuse joue un rôle consolateur et aide à l'espérance :
– utopie transcendante : accès en paradis, éden, rééquilibrage des justes et des probes, avènement de l'utopie sans besoins... ;
– utopie temporelle : absolutisme, intégrisme, fondamentalisme...

18 Sociologie, anthropologie

UE 1.1

MÉMO

19 Pensée magique

UE 1.1

Le mot « magie » désigne les croyances et les pratiques supposant des forces cachées immanentes à la nature (non pas transcendantes comme ce qui concerne la religion).

1 Pensée régressive

La pensée magique joue un rôle majeur dans des phénomènes sociaux où peurs et danger façonnent les comportements collectifs.

Les épreuves de la maladie, du handicap, des souffrances de l'existence, l'imminence du danger, mobilisent souvent la pensée magique. Elle risque alors de provoquer des mouvements sociaux aberrants en se substituant à la pensée rationnelle. Il y a alors régression cognitive.

2 Principes de pensée

▶ **Question de forme signifiante**

Selon l'anthropologue James George Frazer (1854-1941), la pensée magique repose sur trois principes.

- Similitude : le semblable appelle le semblable. On prétend agir via l'imitation d'un fait ou d'un objet.
- Contiguïté : le contact est le vecteur d'action en chaîne continue.
- Initiation : l'initiation selon des rites a conféré une force supérieure, capable d'agir en secret par formules et manipulations mystérieuses.

▶ **Question de principe de plaisir**

Pour le psychanalyste Sigmund Freud, la pensée magique résulte de la prévalence du principe de plaisir sur le principe de réalité : croire aux vertus de représentations (hallucinations primitives) pour jouir sans s'encombrer des obstacles de réalité.

Les bons vœux, les souhaits rituels, les consultations de bonne aventure en relèvent (magie blanche), ou les sorts et désirs de nuire (magie noire).

MÉMO
19 Pensée magique
SUITE

UE 1.1

❸ Pensée première

La pensée magique est :
- **une étape cognitive de l'enfance de l'humanité**, qui sera suivie par la pensée religieuse, puis par la pensée scientifique. Selon l'ethnologie, la causalité première y est attribuée aux effets de formes les unes sur les autres : apparition simultanée, ressemblances, contiguïté, combinaisons, rapprochements...
- **une étape du développement cognitif de chaque enfant**, quand les formes perçues l'emportent encore sur l'abstraction : le kilo de plumes est plus léger que le kilo de plomb ; la grosse auto va plus vite que la petite auto ; la longue banane fait plus grandir que le petit-suisse, etc.
- **une forme de pensée de groupe en défaut de rationalité** : un groupe tyrannique, une organisation totalitaire, une politique de terreur, les foules peureuses, peuvent fabriquer une pensée de toute puissance imaginaire (justification guerrière, raciste, d'épuration, de génocide...) selon un schéma idéologique simpliste utilisant les mécanismes cognitifs de pensée magique.

❹ Peur, crédulité

- La maladie, le deuil, un traumatisme, sont souvent l'occasion d'un épisode de régression à la pensée magique (seul ou à plusieurs).
- Un pronostic négatif déclenche souvent en premier moment une attitude magique.
- La forme magique est une façon de tenter de repousser l'évidence du réel cruel, de contrôler des puissances occultes.
- Un individu ou un groupe qui souffrent, en recherche de solutions de soin et de voies de guérison, sont souvent avides de promesses et deviennent crédules, abandonnant leur sens critique et la rationalité :
  - ils font le jeu de « guérisseurs », manipulateurs sans scrupule, charlatans auxquels ils se fient ;
  - ils se placent par rapport à la médecine en docilité passive, en attente d'un merveilleux salvateur. Cette soumission à l'idéal de toute puissance du thérapeute relève de la pensée magique. La crédulité ne favorise ni le dialogue ni la responsabilisation du malade.

19 Sociologie, anthropologie   **UE 1.1**

MÉMO

20 Travail

UE 1.1

Le « monde du travail » est celui du labeur où sont dépensés temps et efforts pour produire. En échange (en retour), les travailleurs perçoivent un « revenu », le paiement compense la perte : le mot payer, vient de pagare, « apaiser ».

1 Domaines

La sociologie du travail porte sur :
– les organisations professionnelles, la dynamique des groupes de travailleurs, les cultures et modes de vie des groupes et sous-groupes liés au travail ;
– les conflits, les médiations, les résolutions de crises, les rapports intra et interprofessionnels, les jeux d'identité et de pouvoir ;
– les relations aux tâches, aux outillages, à la production, à la rémunération, l'acquisition, le maintien et la transmission de méthodes ;
– l'aménagement et les représentations des conditions de travail, l'aménagement et les représentations des conditions d'existence des travailleurs (classes sociales, groupes, milieux, catégories CSP).

2 Objectifs

Les études menées par les sociologues éclairent sur les composantes et le fonctionnement des milieux impliqués. Elles guident les choix que les acteurs du travail ont à faire pour améliorer leur situation, leur système, leur gain et leur qualité de vie. Elles contribuent à des « tableaux de bord », « observatoires », « baromètres », « enquêtes », tous instruments d'information et de pilotage et analysent la place du travail en tant que reflet et moteur de la société globale, des civilisations.

3 Maîtrise du monde

Tenter de maîtriser le monde et de contrôler les situations (enjeux collectifs)
fait travailler.

● Les sociétés réalisent et utilisent des techniques : pour la chasse, la pêche, l'agriculture, l'élevage, l'exploitation des ressources, la conservation et le façonnage des aliments, la construction et l'entretien d'habitat et circulations, les moyens de transport et de conservation, la défense, l'animation, l'éducation, la protection, la santé, les loisirs, le repos, le confort… Autant de modes de vie, de relations sociales typées.

20 Travail
SUITE

UE 1.1

MÉMO

• **Tâches et emplois de production** : fabrication, utilisation, contrôle, entretien, modification, invention, achats et ventes d'outils, d'armes, de technologies, de produits, de services sont :
– opportunités de commandement, transmission, exécution ;
– sources de revenus ;
– occasions de conflits d'intérêts, possibilités de procès ;
– objet de négociations ;
– situations à risque (maladies professionnelles, accidents du travail).

❹ Organisation du travail

Le travail exige la maîtrise collective :
• de l'espace, du temps, des techniques pour exploiter la matière, la transformer en objets, transporter et commercer ;
• du travail organisé aux échelles que se donnent les sociétés :
– artisanat, marché local, foires régionales,
– échelle industrielle nationale, marché national et commerce international,
– globalisation à l'échelle mondiale, grands groupes de production et de distribution, marché planétaire, délocalisations de sites productifs.

➤ **Conséquences pour l'organisation du travail et la vie des travailleurs**

• Naissance et évolution des droits du travail, des organismes de contrôle aux enjeux locaux, régionaux, puis nationaux et mondiaux.
• Fabrication de normes de produits, de qualité, de production, avec réglementations et contrôles.
• Bouleversement des rapports interhumains sur les lieux de travail :
– les rapports aux sociétés se substituent aux relations humaines d'artisanat, de fabrique et même d'usine ;
– changements d'interlocuteurs, éloignement des acteurs, anonymat des acteurs du groupe industriel, distanciation des dirigeants, éloignement des centres de décision, anonymat des actionnaires.
• Bouleversement des rapports de groupes entre mondes isolés et étanches : concepteurs, chercheurs, marketing, ressources humaines, fabricants, managers, commerciaux, dirigeants de groupe, services approvisionnement et distribution, sociétés de livraison…
• Apparition de nouvelles subcultures, de nouvelles hiérarchies, de nouvelles solidarités, d'organisations éphémères (collectif) traitant les crises *in situ*.

20 Sociologie, anthropologie

UE 1.1

MÉMO

UE 1.1

21 Condition salariale

Le monde du travail compte toujours davantage de travailleurs salariés.

1 Salaire

- Le sel (*sal* en langue ancienne) a été le conservateur indispensable des denrées. Sa grande utilité le faisait considérer très haut sur l'échelle des valeurs. D'où une quantité de sel donnée en échange du travail.
- Puis la valeur en monnaie équivalente au prix du sel : le « salaire », dose de sel pour prix du travail. L'étalonnage sur le sel a disparu, mais le mot est resté.
- xixe siècle : rationalisation du travail, systématisation des ateliers, puis mécanisation et industrialisation. C'est l'explosion du salariat et le début des luttes ouvrières pour l'amélioration du sort des travailleurs.
- xxe siècle : développement du droit du travail, des conventions collectives, des protections sociales des salariés.

2 Condition du salariat

- L'organisation du travail répartit les salariés selon des logiques productives : rationalité des tâches, découpages par spécialités, encadrement de veille et contrôle du travail. La segmentation par divisions et la hiérarchisation des fonctions visent à améliorer l'efficacité de l'effort (à toutes les échelles : chaînes, ateliers, usines, entreprises, groupes).
- La population croissant et s'urbanisant, hygiène et confort faisant nécessité, il y a augmentation des besoins, extension des marchés, propagation du salariat.
- Les récentes transformations industrielles et commerciales, les crises financières, le ralentissement économique impactent directement le salariat. Il y a mutations de nombreux métiers avec :
  - délocalisations de sites de production ;
  - nouvelles technologies, nouveaux objets, travail innovant ;
  - robotisation ;
  - ère du numérique : PAO, informatique, miniaturisation, télénumérique, intelligence artificielle, bureautique, modélisation, imagerie... Une mutation ergonomique où l'homme se sert de la machine mais où le système machine commande de plus en plus le travailleur (systèmes experts).

21 Condition salariale

MÉMO **SUITE**

UE 1.1

❸ Ère du numérique

La productivité progresse :
- au prix de spécialisation de salariés (informatique, numérique, automatique, bureautique, technologies de pointe…) ;
- avec nécessité de formation continue des salariés, tous les métiers requérant désormais des compétences électromécaniques, électroniques, bureautiques, gestionnaires… ;
- mutation des conditions de travail : amélioration physique des postes de conception, de bureau, de communication, de gestion, moindre pénibilité physique du travail, moindres risques d'accidents et maladies ;
- suppression d'emplois de moindre qualification et accroissement d'embauches temporaires et de statuts précaires (flexibilité de recrutement).

❹ Fragilité moderne

L'obsession continue chez les chefs d'entreprise d'avoir à réduire le coût du travail impacte directement les salariés.

● Les salariés subissent les aléas de l'employeur aux prises avec la conjoncture économique et la guerre d'images (notoriété).

● La « guerre économique » et celle des renommées, déclarée à l'échelle du monde, diffuse partout l'idéologie du défi face à la menace de disparition (mort ou déclassement).

● Le salarié sous pression est sommé de « se battre » pour que son emploi soit maintenu (secteur privé) ou soit reconnu indispensable à la bonne renommée (secteur public).

● Pour optimiser l'appareil de production (privé ou public) les méthodes de management tentent de rationaliser, d'harmoniser, de mettre en synergie, d'améliorer la communication.

● Tous les groupes de salariés subissent la pression du bilan cyclique, des programmes d'objectifs, des évaluations continues : stress, ambiance délétère, tension permanente font courir les risques de burn-out, d'accidents du travail, de suicide.

La sociologie du travail, l'ergonomie, la médecine du travail ont une mission de veille et d'alarme pour prévenir les abus et protéger les salariés.

21 Sociologie, anthropologie

UE 1.1

MÉMO

UE 1.1

22 La vie urbaine

Un processus planétaire s'accentue depuis deux siècles, celui de l'urbanisation.

1 Mouvance urbaine

● Au sein des villes, les quartiers, rues, immeubles bâtiments ont des fréquentations qui cristallisent un temps, puis évoluent :
  – modes de vie d'habitants sédentaires ou de passagers (travail, déplacement, sport, commerce, loisirs…) ;
  – critères de cristallisation par type d'habitat, par démographie, catégories socioprofessionnelles, origines culturelles, niveaux de revenus, styles de vie…

● La ville bouge car elle concentre la diversité et met en proximité (indifférente ou conflictuelle) des différences : c'est une mosaïque une mosaïque de groupes fixés qui fait le creuset de mutations sociologiques (croisements, redéfinitions d'identités, côtoiement de modèles diversifiés).

2 Urbanisation des campagnes

● Longtemps a perduré une distinction de mœurs faite dans l'Antiquité entre :
  – cité (ville romaine) : civilités, civilisation ; *polys* (ville grecque) = politesse ;
  – campagne : rural, rustre, rusticité.

● Aujourd'hui il y a modification du rapport ville/campagne par différents facteurs :
  – électricité et confort du bâtiment, automobile, audiovisuel et distribution commerciale ont réellement fait progresser le mode de vie à la campagne, réduisant l'écart avec les commodités urbaines ;
  – vécu de la violence urbaine : cherté de l'habitat, embouteillages de la circulation, pollution, incivilités, cités-dortoirs, ségrégation agressive ;
  – bascule des représentations vers l'image idyllique de la campagne : harmonie des paysages, décors des vacances et loisirs, mémoire de l'authenticité relationnelle, aspirations au bio, à l'économie propre et durable, à l'échelle humaine, à la compagnie d'animaux…
  – milieu « rurbain » en nette augmentation : dans certaines régions françaises ou en périphéries de villes, prédominance d'un habitat pavillonnaire mêlant mode vie citadine dans des sites de campagne.

22 La vie urbaine
SUITE

UE 1.1

- Avec une sociologie fonctionnelle :
- – peu d'échanges, sinon avec son voisinage immédiat et peu de participation à la vie locale ;
- – mouvement pendulaire : travail éloigné, temps de déplacement allongé, habitat en dortoir, week-end détente de bricolage, sport, repos.
- – ségrégation sociale des espaces urbains.

3 Société compartimentée

➤ Centres-villes

Tendance aux bâtiments administratifs, aux centres d'affaires, aux groupes des commerces prestigieux, aux monuments historiques (centres musées et touristiques).

➤ Quartiers intermédiaires

- Des politiques de la ville obligent à mixer l'habitat, mais la tendance est au compartimentage : rue, îlot, quartier, cristallisent des intérêts et ont des spécialités.
- Des groupements par affinités d'origines immigrées ou par communautés de culture (jeu d'aménagements, ou de déménagements) accélèrent spécificité et compartimentage : sous-ensembles homogènes à faible mixité sociale.

➤ Faubourgs, banlieues

- S'installent morcellements sociaux (par richesse, par CSP) et cloisonnements qui consacrent les différences de modes de vie.
- Les spécificités culturelles peu intégrées à la société, les marginalisations, la pauvreté, la vacuité du chômage, créent les conditions de conflits et de manipulation crapuleuse.

4 Distance subjective

- La fréquentation des équipements urbains dépend d'une appréciation très subjective évaluée en temps de parcours/intérêt/prix.
- Déplacements fréquents pour rejoindre en ville des gens par affinité.
- Des distances identiques sont perçues de manière très différente suivant la valorisation du but : distinction entre « espace physique » et « espace subjectif vécu ».

22 Sociologie, anthropologie   UE 1.1

MÉMO 22 SUITE

La vie urbaine

- Plus un groupe s'intéresse au pouvoir local, meilleure est sa vision synthétique de la ville, de sa vocation, de ses fonctions : se sentent « d'ici ».
- À l'inverse, les éloignés de l'élite urbaine n'ont qu'une vision ponctuelle liée à leurs besoins : ni fierté ni goût à être de leur ville.

❺ Banlieue

- La ville rejette à sa périphérie ce qui l'enlaidit et l'encombre :
  - banlieue résidentielle, « dortoir », où les activités sont réduites ;
  - banlieues industrielles, maraîchère, de détente et loisirs : avec gros établissements industriels ou commerciaux, zones dédiées dévorant l'espace ;
  - ex-villages (tissu rurbain) mêlant habitants anciens et citadins touchés par l'expansion, petits collectifs d'appartements ou pavillons modestes avec jardinet ;
  - cités nouvelles, entièrement planifiées par l'architecture et l'économie, où les populations, souvent pauvres et isolées, vivent en repli, tentent des regroupements en communautés solidaires.
- Les « problèmes des banlieues » expriment la situation de groupes en déshérence, en isolement, en marge, qui survivent souvent par le biais d'économies parallèles.
- Le modèle républicain de la mixité et de l'égalité, caché par un vécu d'inégalité et de l'amertume de rejet, peine à y être intégrateur.
Les solidarités communautaires sont discriminantes.
- Facteur important de la socialisation des « banlieusards » :
  - le transport en commun (rencontres, agrégation) ;
  - le déplacement en voiture individuelle isole et accroît la ségrégation.

MÉMO

23 Temps de loisir

UE 1.1

Dans les sociétés post-industrielles à l'échelle mondiale, le temps de loisir devient l'opportunité de nouvelles valeurs, alternatives à celles du travail, de la famille, de la politique, de la religion. Les crises économiques accentuent cette mutation.

1 Libre choix

Le temps de loisir incite le citoyen à exercer sa liberté, à jouir de sa posture de libre choix. Les moments de jeu, d'activité physique, ludique, artistique, intellectuelle ou sociale ne sont au service d'aucune fin imposée par la société.

➤ Affirmation de liberté

● Comme tous les faits sociaux, le temps de loisir est soumis au déterminisme de la société, notamment au marketing de la société de consommation et à la mode par classes sociales, mais partout il implique la libération des obligations institutionnelles (métier, école, culte, économie) imposées par les organismes de base de la société.

● Le loisir s'oppose aux obligations, dont il se veut l'alternance : il est là où elles ne sont provisoirement plus. Il n'est fondamentalement soumis à aucune fin :
– lucrative, à l'inverse du travail professionnel ;
– utilitaire, à l'inverse des obligations domestiques ;
– idéologique, à l'inverse des devoirs politiques ou spirituels.

➤ Caractère financièrement désintéressé

● Le caractère désintéressé du loisir est le corollaire de son caractère libératoire.
● Activité de dépense gratuite par le jeu, la fiction, le faire comme (le bricolage imite les professions), l'être-là (promenades, réunions).
● Seule finalité : restauration des forces (physiques, intellectuelles, spirituelles, relationnelles).

2 Hédonisme

● L'activité de loisir se définit par rapport aux besoins de l'identité du sous-groupe et de la personnalité de chacun : moment, durée, nature d'activité doivent fournir l'état de satisfaction maximale. Cette recherche est de nature « hédoniste » : visée de plaisir pour lui-même.

23 Sociologie, anthropologie

UE 1.1

Temps de loisir

• Les comportements du bien vivre et du bien-être, du confort dans l'effort gratuit, du plaisir à utiliser équipements, installations et objets dédiés aux loisirs (sport, tourisme, randonnées, ateliers, séjours d'expression et de création) font la société moderne.

3 Contre l'ennui, la vérité

➤ Consommation à l'infini

• Le loisir offre la possibilité de se libérer de l'ennui en achetant à l'infini tous les objets prétendus utiles à des réalisations infinies de choses infinies (bricolage, équipements, aventures, explorations, exploits, sophistications en tout genre).

• La courbe des sommes financières attribuées aux loisirs tend vers l'infini... (sociologie et économie des surfaces de vente d'articles de loisirs sont un fort indicateur social de notre civilisation).

➤ Imaginaire infini

• Toutes les activités de divertissement (actif ou consommé) permettent de sortir des routines et des stéréotypes des activités sociétales de base qui « tendent » l'attention. Elles « détendent » celle-ci et régénèrent l'énergie.

• Chaque culture, chaque identité de groupe possède ses critères de « détente » et a ses préférences pour le loisir imaginaire (spectacles sportifs, spectacles vivants, cinéma, lecture, brocantes, collections, galeries, marchés...).

➤ Soi infini

• Groupes et individus se défient pour rivaliser de façon ludique, pour se connaître mieux, se dépasser, atteindre l'exploit, se découvrir... se révéler un potentiel méconnu, jouir d'un pouvoir créateur.

• « Vivre sa passion » avec durées (soustraites aux institutions) de préparation, de formation, des efforts et de l'attention très « pointues ». On aime assister à des manifestations de « passionnés » à l'identique (lieux dédiés : tournois, festivals, salons, concours...).

• Ces comportements sont mus par une éthique de l'enchantement en groupes complices.

MÉMO

24 La culture de masse

UE 1.1

Les « mass media », appelés désormais simplement « médias », sont des supports de grande diffusion (presse, audiovisuel, Internet) diffusant une culture globale et générale, façonnée pour convenir au plus grand nombre (de clients).

❶ Marketing

La démarche marketing de la culture de masse vise à tirer un profit financier de la consommation en grand nombre de produits de culture et de médias la propageant.

• Le marketing suit le diktat du marché par segments de populations-types (critères d'âges, de sexe, de revenus, de milieu de vie, de mode, de lieux d'achats).

• Les cibles du marketing conditionnent la naissance, la fabrication, la communication, la publicité et la diffusion du produit œuvré : fabrication de produits culturels standardisés, articles de presse, campagnes de promotion, publicité, façonnage d'opinion organisés pour les opinions obéissent aux seuls critères du marché.

❷ Standardisation et banalité

• Le vecteur de pénétration chez le plus large public possible et les méthodes de fabrication industrielle favorisent la standardisation des objets culturels et les normes de leur recevabilité (jugements d'appréciation conditionnés).

• La standardisation s'oppose à la démarche artistique (qui d'abord crée sans souci de plaire aux consommateurs, puis offre ses œuvres à l'appréciation d'amateurs).

• La standardisation, la normalisation et la conformité risquent de lasser les consommateurs par banalisation et non renouvellement de gamme, donc d'assécher le marché.

• Le marché culturel de masse, pour entretenir la consommation, crée des modes, lance tapageusement nouveaux « artistes » et promotions de « créations, » exploite de minimes différences, joue sur d'infimes innovations, monte en épingle de petites originalités, occupe l'espace médiatique (buzz).

24 Sociologie, anthropologie

UE 1.1

24 La culture de masse
MÉMO SUITE

3 Société de clients

- La société de consommation considère les groupes sociaux en tant que clients.
- Les clients sont ciblés selon des critères sociologiques, mais aussi en fonction des achats précédents : les tickets de caisse informatisés, les espions informatiques sur Internet, renseignent sur les démarches d'achats (catégories de produits, fréquence d'achat, budget, associations de produits, sensibilité aux influences médiatiques).
- Ces données recueillies sur points de vente affinent les connaissances des subdivisions de cibles types et servent de critères aux nouvelles démarches de marketing.
- Les groupes ciblés du marketing sont les auteurs des produits qui seront fabriqués à leur intention pour qu'ils les consomment : on parle de « client roi ».

4 Société du spectacle

- Pour tenir en haleine le consommateur de culture, les médias jouent sur les évènements à sensation. Ils font du monde un théâtre permanent : le « tout-écho-tout-info » associe ses cibles au spectacle permanent et les place en résonance de tout ce dont il rend compte sur sa scène.
- Le « sensationnel », la relance haletante, obéissent aux méthodes de la « dramatisation » : mise en exergue d'aspects provoquant la sensibilité collective, bravant la morale, présentant un risque de désordre social, déclenchant les peurs collectives.
- La communication met en scène l'évènement réel (les personnes ou les groupes le vivant) en faisant d'autrui des acteurs en représentations dramatiques (spectacle artificiel).
- Le consommateur de culture de masse est en posture de spectateur du monde d'autrui (faits divers, peopolisation, star-système...).

5 Culture du divertissement

La culture de masse est une culture du divertissement qui est consommée sur le mode esthétique. Tout y est converti en spectacle qui doit toucher (exemple type : le Téléthon). Les consommateurs sont en « distraction » : place passive, « branchée ».

MÉMO 24 La culture de masse
SUITE

UE 1.1

❻ Renouveau politico-social

- En France, le sociologue Edgar Morin considérait (années 1965-1975) la culture de masse comme un objet sociologique nouveau, qui apportait à l'opinion publique une force inédite d'expression.
- Aujourd'hui le vecteur d'Internet apporte une nouvelle culture de masse (*via* les réseaux sociaux, les sites partagés, les applications, les téléchargements...). Une sociologie de la communication numérique se dégage : populations concernées, habitudes de connexions, types d'interfaces, types de messageries, types de discours, influences...
- Aujourd'hui, les réseaux sociaux d'Internet jouent le même rôle en prenant le relais, avec la particularité de la réactivité immédiate : ils déclenchent des contre-pouvoirs et de l'opinion critique susceptibles de corriger le tir des pouvoirs en place – ou de bouleverser la société.

❼ Le péril totalitaire de la société de masse

- Pour Anna Arendt, philosophe des faits de société, il y a des virtualités totalitaires dans la société de masse où les individus sont isolés, les relations sociales absentes.
Un attachement à des leaders tout-puissants, artificiellement fabriqué, cherche à compenser les liens sociétaux défaillants.
- La société de masse est donc très vulnérable aux mouvements totalitaires : la solidarité ne s'exprime plus au niveau local, mais à un niveau abstrait de société tout entière.
- La destruction des relations de base des communautés locales ou des groupes intermédiaires laisse les individus isolés et malléables.
C'est la bureaucratisation de l'État qui se développe grâce à une rationalisation impersonnelle, ou les systèmes de prise en charge par la religion ou l'idéologie.
- L'individu n'y exprime plus sa propre personnalité, il devient une pièce anonyme d'une machinerie sociale.
On le fait se comporter comme un rouage destiné à agir vers une utopie : manipulé, le quidam anonyme se croit devenir le héros d'une cause. Il s'identifie au rôle d'un puissant acteur d'une utopie sociale : ainsi le terrorisme recrute-t-il ses individus fanatiques pour un but qu'ils croient être sociologique.

24 Sociologie, anthropologie

UE 1.1

MÉMO

25 Santé

UE 1.1

Les populations et les professions du secteur santé ont des représentations de la santé, des maladies et des soins.

1 Représentation des objets de santé-soin

- Les représentations dépendent de leur milieu (culture ambiante), de leur formation, des effets de mode, des effets commerciaux, de l'économie politique en santé.
- Elles portent sur la nature des choses, sur les compétences des gens, sur la valeur et l'efficacité des procédés utilisés.
- Elles influencent considérablement le processus de soin (approche, conception, action, évaluation, suivi).
- En retour, les résultats (progrès médicaux, rétablissement du malade, guérison, ou échec) confortent ou modifient les représentations (confirmation ou changements d'avis).
- Ces représentations croisées de soignants-soignés établissent des rapports sociaux : réciprocité de fortes attentes, méfiance, intelligence critique, évitement, rejet, qui se traduisent par une plus ou moins grande confiance dans le système de santé, ses acteurs, ses patients.

2 Proximité/distance du système

- Ceux qui ont une proximité géographique ou une proximité de position sociale avec l'encadrement médical peuvent jouer sur plusieurs choix (système libéral, système public, large éventail de spécialités).
- Ceux qui sont éloignés (désert médical, bas d'échelle sociale) ont peu de choix et sont dépendants du pouvoir local d'intervention (de services d'urgence, d'aides bénévoles, d'approximation de non spécialistes, de « conseils » plus ou moins éclairés).
- La distance impacte l'automédication, la dépendance à certains produits pharmaceutiques ou parapharmaceutiques, l'aliénation aux charlatans.

25 Santé

MÉMO SUITE

UE 1.1

❸ Inégalités sociales devant la santé

● Constituent d'importantes différences entre groupes :
– la richesse, la classe sociale ;
– la jeunesse ou la vieillesse, la condition d'étudiant ou de précarité d'emploi ;
– l'habitat en zone pourvue en structure de soin ou mal desservie ;
– l'impact de l'information par les médias ;
– la qualité des remboursements et couvertures, les prix des actes, des médicaments, des appareils.
– le bénéfice de CES (centres d'examens de santé) ;
● La cherté des soins devient un obstacle à la santé : négligences sur le suivi médical, la dentition, les corrections optiques, l'hygiène, les soins de base en cas d'attaque grippale, de broncho-pneumonie, de gastropathie.
● Cependant malgré le prix de la consommation, lourds problèmes de santé publique de toxicologie.

❹ Le soin, une situation sociale

● Un patient est un être singulier, à nul autre pareil. Son identité le lie avec la société : reconnaissance par des signes lisibles (description physique, adresse, métier, famille, groupe sanguin...).
● Parler est un acte éminemment social. En parlant, un sujet se fait auteur pour un récepteur : avec les mots de tous, il tente de dire l'originalité de son être singulier.
Le malade disant sa maladie utilise le vocabulaire convenu pour tenter d'exprimer son être en souffrance.
C'est pourquoi les soignants ont à entendre les deux registres d'expression :
– ceux de l'identité malade demandant le soin pour guérir ;
– ceux de l'être en souffrance tentant de trouver appui pour dire sa singularité, craignant rejet et abandon par la société.

25 Sociologie, anthropologie

UE 1.1

MÉMO 25 — SUITE

Santé

5 Le soin, relation de solidarité sociale

Tout en faisant son intervention soignante, le soignant entend le sujet parlant de son mal (demande identitaire de guérison et mal être en souffrance).

Le soignant :
- ne se réfugie pas dans un ésotérisme savant : pas de langue de bois ;
- ne s'évade pas dans des bavardages insensés ou des formules expéditives : pas de caquetage ;
- ne cherche pas à « moucher » le patient : pas de prise de bec ;
- capte comment le patient (qui est atteint, qui est touché) hésite, tâtonne pour dire son originalité de vécu ;
- fait place à une rencontre (même brève) authentique de deux êtres particuliers de la même société : reconnaissance réciproque de leur solidarité.
- L'empathie est le sentiment partagé de cette sensation de proximité à même le décalage des identités différentes (l'un soigne, l'autre est soigné ; l'un est en bonne santé, l'autre est malade).
- Le dialogue vrai est un acte social : l'individu, être singulier faisant l'épreuve de ses faiblesses et de sa fin, par la parole partagée est soutenu et contenu par la solidarité du groupe, par sa société.

6 Identité mais pas morale

- **Le soignant ne juge jamais.**
  De même qu'il accueille toute défaillance de santé sans juger pour soigner, il accueille tout mystère de l'autre désirant rester en santé ou y revenir :
  - il informe sans écraser ;
  - il ne fait pas acte de pouvoir aliénant ;
  - il se méfie de ses propres raccourcis interprétatifs et de ses projections sur autrui.
- **Le soignant connaît l'influence sur lui-même et sur autrui des déterminants sociaux**, ceux qui infléchissent les perceptions et induisent en erreur en faussant le jugement :
  - il veille à prendre du recul pour comprendre les stratégies adaptatives de personnalités ou de familles en détresse ;
  - il conserve à chacun sa pudeur de corps et le droit de demeurer digne, *a fortiori* dans la douleur et dans la fin de vie.
- Travailler en équipe et sous un dispositif de supervision aide à trouver les bonnes attitudes.

26 Concepts de santé et de santé publique

UE 1.2

MÉMO

1 Concept de santé

La santé est le souci majeur de chacun d'entre nous et pour lequel l'exigence envers les pouvoirs publics et la collectivité s'accroît. La santé est à la fois une affaire individuelle et collective.

L'Organisation mondiale de la santé définit, en 1946, la santé comme « *état de complet bien-être physique, mental et social, et qui ne consiste pas seulement en l'absence de maladie ou d'infirmité* » (voir UE 2.3 Mémo 66).

➤ Avantages de cette définition

- Insiste sur les différentes dimensions de la santé.
- Tend vers une représentation positive.
- « Démédicalise » la santé.

➤ Limites à cette définition

- Pousse la démédicalisation très loin en insistant sur l'aspect purement subjectif de la santé.
- La notion de santé est difficilement mesurable car seuls les états contraires (à travers les pathologies, notamment) sont mesurés.

C'est une notion en constante évolution (progrès médicaux, guerres, épidémies, conditions de vie) et non ressentie de la même façon par tous (sexe, CSP, tranche d'âge, lieu d'habitation, état de santé perçu...). Elle n'est pas un état statique et répond aux perpétuels changements auxquels est soumis l'individu. Elle est, ainsi, un équilibre instable à conquérir sans cesse.

2 Concept de santé publique

➤ Définition

À côté de la conception personnelle de la santé, il existe une notion collective. L'OMS a défini la santé publique en 1973 : « *Alors que, traditionnellement, elle recouvrait essentiellement l'hygiène du milieu et la lutte contre les maladies transmissibles, elle s'est progressivement élargie... On utilise aujourd'hui santé publique au sens large pour évoquer les problèmes concernant la santé d'une population, l'état sanitaire d'une collectivité, les services sanitaires généraux et l'administration des services de soins.* »

26 Santé publique et économie de la santé

UE 1.2

26 Concepts de santé et de santé publique

MÉMO SUITE

C'est une discipline autonome qui s'occupe de la santé globale des populations sous tous ses aspects, curatifs, préventifs, éducatifs et sociaux.
La santé devient publique quand les problèmes de santé sont envisagés à l'échelle d'une population.

► Objectif

La santé est considérée comme un bien collectif dont la finalité est de permettre à l'ensemble de la population d'atteindre le meilleur état de santé possible, en jouissant de leur droit à la santé.
Améliorer la santé de la population c'est protéger, promouvoir, restaurer.

► Champ d'action

- L'hygiène publique.
- La lutte contre certains comportements ou pathologies graves.
- L'organisation des soins en général.
- Le contrôle de la pharmacie et du médicament.
- La protection sociale, en particulier l'assurance maladie.

► Approche multisectorielle

Les problèmes de santé publique doivent faire l'objet d'une approche globale avec des efforts poursuivis, regroupés et coordonnés dans les différents secteurs de l'activité humaine : santé, éducation, agriculture, économie, démographie...

MÉMO

27 Mesure de l'état de santé

UE 1.2

1 L'épidémiologie et ses différentes formes

➤ **Définition**

L'épidémiologie est la science qui étudie la fréquence et la répartition dans le temps et dans l'espace des problèmes de santé dans les populations humaines, ainsi que le rôle des facteurs qui la détermine.

➤ **Objet d'étude**

- Les décès (la mortalité).
- Les maladies (la morbidité).
- Les conséquences des maladies (incapacité, handicap).
- Plus récemment, des éléments de bonne santé (performances, adaptations).

➤ **Formes d'épidémiologie**

On distingue trois branches principales de l'épidémiologie :

- l'épidémiologie descriptive, qui étudie la fréquence et la répartition des problèmes de santé, notamment en fonction des caractéristiques des personnes (âge, sexe, CSP...), de leur répartition géographique, de leur évolution dans le temps ;
- l'épidémiologie analytique, qui recherche les causes des problèmes de santé ;
- l'épidémiologie évaluative, qui évalue les résultats des actions de santé publique.

Pour mesurer la santé des populations, l'épidémiologie utilise des outils statistiques : les indicateurs de santé. Ils peuvent être directs ou indirects.

Selon les objectifs des enquêtes, les organismes opteront pour tel ou tel type d'épidémiologie.

27 Santé publique et économie de la santé   **UE 1.2**

Mesure de l'état de santé

② Les principaux indicateurs de santé

Indicateurs de santé directs	Espérance de vie
	• ESV à la naissance
	• ESV à 35 ans
	• ESV à 65 ans
	Morbidité
	• Incidence ou taux d'incidence
	• Prévalence ou taux de prévalence
	Mortalité
	• Mortalité générale
	• Mortalité infantile
	• Mortalité prématurée
Indicateurs de santé directs	• Part du PIB consacrée à la santé
	• Nombre de médecins

③ Producteurs de données

La mesure de la santé publique repose sur un constat, lui-même réalisé à partir de recueil de données.

Des organismes publics ou privés mènent des enquêtes épidémiologiques, pour mettre en lien les pathologies et les caractéristiques biologiques, sociologiques, environnementales et comportementales des populations touchées.

Les sources doivent toujours être citées pour valider l'information et leur pertinence.

Parmi ces organismes, on trouve : l'OMS, la DREES, l'IRDES… Ils contribuent à surveiller l'état sanitaire de la population.

28 Déterminants de la santé et principes d'intervention

UE 1.2

❶ Les déterminants de santé et leur influence

➤ **Définition**

On appelle déterminants de santé les caractéristiques individuelles ou collectives susceptibles d'influer directement ou indirectement sur l'état de santé.

➤ **Typologie**

On distingue quatre catégories :
– les déterminants biologiques (*ex.* : sexe, âge, ...) ;
– les déterminants liés aux comportements (*ex.* : tabagisme, ...) et aux conditions de vie (*ex.* : niveau de revenu...) ;
– les déterminants environnementaux (*ex.* : air, exposition au bruit...) ;
– les déterminants liés à l'organisation du système de santé et des services sociaux (*ex.* : délai d'attente pour obtenir un rendez-vous médical...).

➤ **Nature de leur influence**

Ils influencent la santé des individus positivement (facteur de protection) et négativement (facteur de risque).

➤ **Interaction et imbrication des déterminants**

C'est le cumul et l'imbrication de plusieurs de ces déterminants qui va faire basculer l'individu vers la maladie ou le mal-être.

❷ Principes d'intervention

➤ **La prévention**

« *La* prévention *est l'ensemble des mesures visant à éviter ou à réduire le nombre et la gravité des maladies, des accidents et des handicaps* » (OMS).
Elle peut être de niveau :
– primaire, lorsqu'elle se situe avant la maladie ;
– secondaire, lorsqu'elle se situe au tout début de la maladie ;
– tertiaire, lorsqu'elle se situe pendant et après la phase aiguë de la maladie.

28 Santé publique et économie de la santé   UE 1.2

28 MÉMO SUITE
Déterminants de la santé et principes d'intervention

▶ La promotion de la santé

« *La promotion de la santé est un processus qui a pour but de conférer aux individus et aux populations les moyens d'assurer davantage de maîtrise sur leur propre santé et davantage de moyens pour l'améliorer* » (Charte d'Ottawa, 1986). Elle encourage la participation citoyenne à toutes les décisions de santé publique et concerne les autres secteurs non traditionnellement lié à la santé (logement, éducation, emploi…).

▶ L'éducation à la santé

Elle correspond à l'ensemble des actions visant à rendre les individus :
– capables de comprendre et d'analyser les informations ;
– responsables de leur santé et aptes à modifier leurs pratiques et leurs comportements dangereux.

Les démarches utilisées en santé publique sont ainsi multiples et dépendent des problèmes à résoudre et de la population ciblée.

MÉMO

29 Les états pathologiques en France

UE 1.2

1 Le paradoxe français

Le Rapport de suivi des objectifs de la loi de santé publique 2011 (*DREES, juin 2012*) permet de dresser un bilan de l'état de santé des Français. Malgré l'amélioration de l'ensemble des indicateurs, de nombreuses inégalités de santé persistent. Ces points négatifs s'expliquent par l'imbrication de nombreux déterminants tels que les comportements à risque et un accès aux soins difficile pour certaines catégories de la population.

• L'espérance de vie stagne pour les hommes (78,4 ans) et diminue de deux mois pour les femmes (84,8 ans) : vague de froid, nombre d'épidémies et vieillissement des classes nombreuses du baby-boom.

• Augmentation de la mortalité générale en 2012 : 571 000 décès pour 2012 contre 545 047 en 2011.

• La mortalité infantile a fortement chuté depuis 50 ans (3,4 pour mille).

• La mortalité prématurée reste la plus importante d'Europe (hormis les pays de l'Est). Elle représente 20 % des décès et 1/3 pourrait être évitable.

• Le surpoids et l'obésité sont en forte augmentation et concerne 14,5 % des plus de 18 ans (8,5 % en 1997).

• Les maladies chroniques sont à l'origine de 60 % des décès. Le diabète représente, après les tumeurs malignes, la première cause d'ALD.

2 Les inégalités de santé

➤ Inégalités biologiques

Les sujets âgés et les hommes sont plus touchés par les pathologies. On note une surmortalité masculine pour le suicide. L'obésité concerne en majorité les femmes (15,1 % contre 13,9 % chez l'homme).

➤ Inégalités socioculturelles et socio-économiques

Il existe un lien important entre la position sociale, l'éducation et l'état de santé. On constate, pour l'espérance de vie à 35 ans, un écart de 6,3 années entre un ouvrier et un cadre, tandis qu'il est de 3 années chez les femmes. Cela s'explique par la pénibilité du travail, les revenus, le niveau d'étude, la culture, la déficience de la protection sociale et le renoncement aux soins.

29 Santé publique et économie de la santé   **UE 1.2**

Les états pathologiques en France

➤ **Inégalités géographiques**

Elles s'expliquent par les différences économiques, les comportements à risques, l'offre de santé et, pour une petite part, le climat.

• Les régions du Nord sont plus touchées par ces problèmes de santé : cancer, maladies cardio-vasculaires, obésité, diabète.

• La région Île-de-France est, quand à elle, plus touchée par le SIDA.

• La consommation d'alcool est plus fréquente dans les régions Ouest/Sud-ouest (Bretagne notamment, où les ivresses alcooliques totalisent 39 %).

➤ **Inégalités d'accès aux soins**

Il est montré que l'aspect financier joue un rôle dans l'accès aux soins. 15 % des français renoncent à certains soins (lunettes, soins dentaires) pour des raisons financières.

❸ Le coût sanitaire et social des pathologies

D'après un rapport de l'Assurance maladie de 2011, les ALD ont coûté un peu plus de 65 milliards en 2009 et 84 milliards en 2010 (62 % des dépenses de l'Assurance maladie).

• Coût social du cancer : 28 milliards (soins et perte économique).

• Coût social du tabac : 47 milliards.

• Coût social des MCV : 18,7 milliards.

MÉMO

30 La veille sanitaire

UE 1.2

1 Définitions

- Veille sanitaire : dispositifs d'observation et de surveillance des risques pour la santé publique. L'alerte est déclenchée si le risque est avéré.
- Sécurité sanitaire : moyens destinés à prévenir, contrôler les risques pouvant altérer la santé des individus.

2 Cadre juridique

➤ **Niveau national**

- Loi du 4 mars 2002 : la sécurité sanitaire devient une mission fondamentale du système de santé.
- Loi du 9 août 2004 : renforce le rôle de l'InVS.
- Loi du 21 juillet 2009 : étend le champ de la HAS.

➤ **Niveau international**

- Conférence de Rio de 1992 : instaure le principe de précaution applicable par les États pour protéger l'environnement.
- Traité de Lisbonne de 2009 : définit les mesures face aux enjeux communs de sécurité sanitaire.

3 Surveillance et alerte

- La surveillance épidémiologique (définie par l'InVS) consiste en l'analyse et le suivi des problèmes de santé pour mettre en œuvre des mesures.
- L'alerte permet une intervention rapide limitant les conséquences d'un risque. Elle suppose : le recueil des signaux, leur vérification, l'évaluation de la menace, la transmission de l'alerte.

4 Acteurs

- Des organismes internationaux (OMS, FAO...) participent à la veille sanitaire.
- Des agences de régulation et des observatoires européens (Agence européenne du médicament, Agence européenne pour l'environnement...) transmettent des avis et diffusent des informations.
- Au niveau national, l'InVS analyse les risques. Les agences sanitaires (ANSM, ANSES, EFS) les évaluent. Les ARS organisent la veille sanitaire en région.

30 Santé publique et économie de la santé **UE 1.2**

MÉMO

31 La santé communautaire

UE 1.2

① Origines du concept

• **Au lendemain de la seconde guerre mondiale** : la médecine progresse, la protection sociale se met en place et la population est mieux soignée. Ainsi, les pouvoirs publics ont pensé qu'il était suffisant de soigner la population sans solliciter son implication. L'individu ne participe donc pas à l'amélioration de sa santé. Les professionnels lui administrent des traitements et le soignent sans qu'il soit acteur de sa propre santé.

• **Le patient, acteur de sa santé** : au fil des années, les pouvoirs publics ont constaté que les traitements seuls ne suffisent plus : ils sont coûteux et de nombreuses pathologies se développent. De ce fait, la nécessité de responsabiliser l'individu face à sa santé s'est imposée. La population doit prendre en mains sa santé. Le terme « communautaire » s'est alors appliqué à la santé à la fin des années 1970.

• **L'introduction du concept** : ce nouveau concept semble maintenant s'imposer comme un nouveau référent de l'action publique. Il vise la promotion de la santé par des méthodes participatives.

② Définition

➤ La conférence d'Alma-Ata

Le concept de santé communautaire est apparu lors de la conférence d'Alma-Ata en 1978. L'UNICEF et l'OMS l'y ont défini comme « *un processus par lequel les individus et les familles, prennent en charge leur propre santé et leur bien-être comme ceux de la communauté* ».

➤ La notion de communauté

La notion de « communauté » correspond à une population déterminée, c'est-à-dire un ensemble de personnes présentant un sentiment d'appartenance commun. La communauté peut notamment se définir selon :

– son espace géographique ;
– ses caractéristiques ;
– son intérêt commun ;
– sa situation problématique.

On parle donc de santé communautaire lorsqu'un groupe d'individus, au niveau géographique ou social, réfléchit en commun sur ses problèmes de santé,

MÉMO 31 SUITE La santé communautaire

UE 1.2

exprime des besoins prioritaires et participe activement à la mise en place et au déroulement des activités les plus aptes à répondre à ces priorités.

❸ Les objectifs

La santé communautaire a pour but :
– de favoriser la participation des individus à la gestion de leur propre santé et celle de la collectivité ;
– de favoriser la réflexion sur leurs problèmes de santé ;
– de favoriser l'expression de leurs besoins ;
– de favoriser la participation de cette population aux actions mises en œuvre et à leur évaluation ;
– d'agir sur les déterminants de santé et de bien être social.

❹ Les dispositifs

La santé communautaire repose essentiellement sur la pluridisciplinarité et sur la coopération entre professionnels et usagers. Il existe plusieurs dispositifs qui ont recours à des pratiques de santé communautaire.

• Les PRAPS : les programmes régionaux d'accès à la prévention et aux soins ont été institués par la loi du 29 juillet 1998 relative à la lutte contre les exclusions. Leur objectif est d'améliorer l'accès à la prévention et aux soins des personnes en situation de précarité.

• Les ateliers « santé-ville » : ils ont pour objectif de promouvoir localement la santé des populations les plus vulnérables. Ils reposent sur une action collective, en permettant de mobiliser, aider et former les habitants, les acteurs et les professionnels des quartiers.

• Les réseaux de santé : ils ont été créés par la loi du 4 mars 2002. Ils ont pour objet de favoriser l'accès aux soins, la coordination, la continuité ou l'interdisciplinarité des prises en charge sanitaires, notamment de celles qui sont spécifiques à certaines populations, pathologies ou activités sanitaires.

• Les actions de prévention : elles consistent non seulement à informer la population en difficulté, à travers des programmes adaptés, mais aussi à lui permettre d'assurer sa propre prise en charge et son insertion sociale. La réalisation de ces actions implique de nombreux acteurs : les usagers, les professionnels, les pouvoirs publics, les organismes privés, etc.

31 Santé publique et économie de la santé   **UE 1.2**

MÉMO

UE 1.2

32 La santé dans le monde

En 2000, 189 pays membres, sous l'égide des Nations unies, ont signés les huit objectifs du millénaire pour le développement (OMD) définis lors du Sommet du millénaire.

1 Les objectifs du millénaire pour le développement

Les huit OMD définis lors du Sommet du Millénaire :

1. Réduire l'extrême pauvreté et la faim.
2. Assurer l'éducation primaire pour tous.
3. Promouvoir l'égalité des sexes et l'autonomisation des femmes.
4. Réduire la mortalité infantile.
5. Améliorer la santé maternelle.
6. Combattre le VIH/sida, le paludisme et d'autres maladies.
7. Préserver l'environnement.
8. Mettre en place un partenariat mondial pour le développement.

2 Situation épidémiologique en 2011

- 34 millions de personnes vivent avec le VIH, dont 69 % en Afrique subsaharienne. L'incidence du VIH a chuté de 20 % en 10 ans. Dans le même temps, la mortalité due au paludisme a diminué de 20 %.
- 6,9 millions d'enfants sont morts avant l'âge de cinq ans, soit une chute de plus de 57 % en 20 ans.
- Les inégalités et les discriminations à l'égard des femmes persistent dans tous les domaines.
- 287 000 femmes meurent des suites de leur grossesse soit une baisse de 47 % en 20 ans.

3 Nouveaux défis

Face aux nouvelles problématiques de santé publique, l'Organisation mondiale de la santé (OMS) et la Commission européenne ont adopté une politique commune de lutte contre :

- le tabagisme : c'est la 2ᵉ cause de mortalité dans le monde ;
- le cancer : il cause 70 % des décès dans les pays à faible revenu ou revenu intermédiaire ;
- l'obésité : elle touche 1,5 milliard d'adultes et plus de 43 millions d'enfants ;
- le réchauffement climatique : il est lié à 150 000 décès par an.

MÉMO

33 Les organisations internationales

UE 1.2

1 Les organismes onusiens

- L'OMS est l'organisation chargée de l'action sanitaire mondiale depuis le 7 avril 1948. L'Assemblée mondiale de la santé est l'organe décisionnel de l'OMS. La mission essentielle de l'OMS est d'amener tous les peuples au niveau de santé le plus élevé possible.
- La FAO, organisme qui « *aide à construire un monde libéré de la faim* » oriente ses efforts pour réduire l'extrême pauvreté et la faim et contribue à la préservation durable de l'environnement.
- L'UNICEF, créé en 1946, tourne son action vers les enfants et les familles du tiers monde.
- L'ONUSIDA coordonne, depuis 1995, les activités de 10 organismes spécialisés de l'ONU (les 10 coparrainants) pour construire une action politique et constituer une source de données concernant le VIH à l'échelle mondiale.

2 Échelon européen

- L'Union européenne (UE) a pris des engagements pour atteindre les OMD d'ici à 2015. Ses efforts lui ont permis d'être le 1er bailleur de fonds (55 % des fonds publics).
- La Direction générale de l'aide humanitaire et à la protection civile (anciennement ECHO) propose assistance et secours d'urgence aux victimes de catastrophes naturelles ou de conflits.

3 Échelon français

- Le Centre de crise (CDC) est l'outil d'aide à l'urgence humanitaire. Il dispose d'un Fonds d'urgence humanitaire (FUH) qui sert à financer surtout des projets d'ONG.
- L'AFD (Agence française de développement), institution financière publique, a pour mission prioritaire la lutte contre la pauvreté (OMD1) la croissance économique des pays en développement (OMD8) et la préservation de l'environnement (OMD7).

33 Santé publique et économie de la santé

MÉMO
33
SUITE

Les organisations internationales

❹ Organisations non gouvernementales

➤ Cadre juridique

Une ONG a un caractère humanitaire qui ne dépend ni d'un État, ni d'une institution internationale. La 1re ONG fondatrice de l'action humanitaire est la Croix Rouge en 1863. On utilise aujourd'hui le plus souvent les appellations organisations ou associations de solidarité internationale (OSI ou ASI).

Les ONG ont un statut consultatif auprès du Conseil économique et social des Nations unies.

En France les ONG sont régies, en tant qu'associations, par la loi du 1er juillet 1901. La France devient en 1971 le pays précurseur de l'aide « sans frontières » (Médecins sans Frontières) et inventeur du concept « *d'ingérence humanitaire* » en 1980 (Médecins du Monde) avec les « *French doctors* » (Xavier Emmanuelli, Bernard Kouchner, Claude Malhuret).

Environ trois mille ONG sont accréditées auprès des Nations unies mais leur nombre est croissant.

➤ Domaine d'activités

Les ONG décident, seules, des actions qu'elles engagent. Ces actions prennent deux formes :

– de première urgence : pour secourir des populations en danger suite à des crises provoquées par l'homme ou à des catastrophes d'origine naturelle ;

– de développement : à plus long terme, éducation, santé, approvisionnement en eau, lutte contre la pauvreté.

➤ Le financement

• En France, on dénombre environ 40 000 associations à but humanitaire.

• Le budget annuel du Fonds d'urgence humanitaire s'élève à 10 millions d'euros.

• L'aide de l'Union européenne, en 2009 s'élevait à 49 milliards d'euros.

MÉMO

34 La politique de santé publique

UE 1.2

La politique de santé publique est l'ensemble des orientations et des choix stratégiques faits par les pouvoirs publics dans le domaine de la santé publique. L'objectif de la politique de santé publique est d'améliorer l'état de santé de la population, c'est-à-dire : réduire la mortalité, allonger l'espérance de vie et réduire les inégalités.

1 Les domaines d'intervention

La loi du 9 août 2004 a introduit l'article L. 1411-1 du Code de la santé publique. Cet article énonce les multiples champs d'intervention de la politique de santé publique :
– l'amélioration de l'état de santé de la population ;
– la réduction des inégalités de santé ;
– l'identification et limitation des risques liés à l'environnement ;
– la qualité et sécurité des soins et des produits de santé ;
– le développement de l'accès aux soins ;
– l'organisation du système de santé ;
– la lutte contre les épidémies ;
– la surveillance épidémiologique ;
– l'information et l'éducation à la santé ;
– la prévention ;
– la démographie des professions de santé.

2 Cadre légal

➤ La loi du 9 août 2004

Cette loi est venue poser un nouveau cadre pour la politique de santé publique. À sa création, cette loi prévoyait un fonctionnement pluriannuel. Il y était prévu que, tous les cinq ans, l'État élabore un projet de loi qui précise les objectifs prioritaires et des plans stratégiques nationaux.

➤ La loi HPST du 21 juillet 2009

La loi HPST, « Hôpital, patients, santé, territoires » est une loi de réforme hospitalière, mais elle ne fait pas que réorganiser le système de soins, elle a également mis en place une nouvelle territorialisation de la politique de santé.

34 Santé publique et économie de la santé   UE 1.2

La politique de santé publique

• **La création des ARS** : les agences régionales de santé ont pour mission de mettre en œuvre la politique nationale au sein des régions, tout en l'adaptant aux besoins spécifiques des habitants.

• **Le découpage du pays en « territoires de santé »** : chaque ARS délimite ses territoires de santé, qui correspondent à une zone géographique.

3 Fonctionnement

➤ Une déclinaison en plusieurs échelons

La politique de santé publique française s'inscrit dans un cadre national qui sera ensuite décliné au niveau régional, puis au niveau local.

• L'échelon national : l'État assure le pilotage de la politique de santé publique.

• L'échelon régional : la politique nationale est ensuite déclinée dans les régions.

• L'échelon local : les départements et les communes participent également à la politique de santé publique.

➤ Les intérêts d'une déclinaison

Toute politique régionale ou locale doit respecter deux exigences imposées par la loi du 9 août 2004 :

– permettre d'appliquer la politique nationale ;

– l'adapter aux spécificités locales.

4 La planification de la stratégie

Pour atteindre les objectifs fixés, la stratégie à mettre en place sera planifiée grâce à des plans de santé publique. Ce sont des ensembles organisés de mesures et de dispositifs qui permettent de lutter contre une priorité de santé publique, en coordonnant les actions et en les inscrivant dans le temps. Ils seront ensuite déclinés en programmes de santé ou de prévention et en actions de santé publique.

MÉMO

35 Organisation de la politique de santé publique

UE 1.2

1 La participation de nombreux acteurs

À chaque échelon, l'élaboration et la mise en œuvre de la politique font intervenir plusieurs acteurs, chacun ayant un rôle spécifique. On peut les classer en quatre catégories.

Acteurs	Rôle
Les acteurs de décision	Ils ont pour compétence de décider du contenu de la politique de santé publique.
Les acteurs consultatifs	Ils émettent un avis et des propositions sur la politique de santé. Ils doivent être obligatoirement consultés par les pouvoirs publics mais ils ne prennent pas de décision.
Les acteurs de mise en œuvre	Ce sont les acteurs opérationnels, ils agissent sur le terrain pour mettre en place la politique élaborée par le Gouvernement.
Les acteurs qui évaluent	Ils se chargent du suivi régulier du déroulement des actions et réalisent un bilan final.

2 Une procédure précise

À chaque échelon, la politique de santé publique française repose sur une procédure qui respecte toujours la même chronologie :
– l'élaboration ;
– la mise en œuvre ;
– l'évaluation.

35 Santé publique et économie de la santé   **UE 1.2**

Organisation de la politique de santé publique

1ʳᵉ étape : Élaboration de la politique

Analyse des besoins
⇨ Bilan de l'état de santé de la population
⇨ Observation des données épidémiologiques
⇨ Analyse des indicateurs sanitaires
⇨ Mise en cohérente des actions avec les besoins

Fixation des priorités de santé publique
⇨ Repérage des problèmes de santé
⇨ Détermination des problèmes prioritaires
⇨ Choix des priorités de santé publique
  = problèmes sanitaires entraînant :
  ① une situation épidémiologique alarmante
  ② de lourdes dépenses pour l'Etat
  ③ de lourdes conséquences individuelles

Fixation des objectifs de santé publique
⇨ Objectifs pluriannuels
⇨ Déclinés en objectifs régionaux et locaux

2ᵉ étape : Mise en œuvre de la politique

3ᵉ étape : Évaluation de la politique

MÉMO 36
L'échelon national de la politique de santé publique

UE 1.2

La loi du 9 août 2004 a défini le cadre de référence de la politique de santé publique. Son fonctionnement est prévu sur cinq années. Cette loi contient 100 objectifs prioritaires et cinq plans stratégiques.

1 Les 5 plans stratégiques

Ce sont les cinq plans nationaux expressément inscrits dans la loi de 2004. Ils ont donc été votés et adoptés par le Parlement. Ce sont des plans pluriannuels.

➤ **Les 5 plans stratégiques nationaux**

1° Le Plan national de lutte contre le cancer
2° Le Plan national de lutte contre la violence, les comportements à risque et les conduites addictives
3° Le Plan national de lutte contre les facteurs d'environnement, y compris les facteurs d'environnement professionnel
4° Le Plan national de lutte contre les maladies chroniques
5° Le Plan national de lutte contre les maladies rares
Les nouvelles priorités nationales sont en cours de définition. Elles pourraient concerner :
– le handicap et le vieillissement ;
– les risques sanitaires ;
– la périnatalité et la petite enfance ;
– les maladies chroniques ;
– la santé mentale, y compris l'addiction et la santé des jeunes.

2 Les autres plans nationaux

Ils sont élaborés parallèlement aux cinq plans stratégiques et ils s'imbriquent avec eux. Ils sont élaborés par les ministres et adoptés par arrêté ministériel. Il existe par exemple : le plan VIH, le plan « bien vieillir », le plan hépatite, etc. L'ensemble des objectifs et des plans nationaux constituent la base de la politique nationale de santé publique du pays. Ces plans seront ensuite mis en œuvre grâce à des programmes et des actions.

36 Santé publique et économie de la santé   **UE 1.2**

MÉMO

37 L'élaboration de la politique nationale

UE 1.2

1 Les étapes de la procédure

▶ L'analyse des besoins du pays

C'est le Gouvernement et notamment le ministre de la santé, qui procéderont à cette démarche d'analyse de l'état de santé des français.

• Les partenaires :
  – l'INSEE : l'Institut national de la statistique et des études économiques fournit à l'État les données concernant le nombre de décès dans le pays ;
  – l'INSERM : l'Institut national de la santé et de la recherche médicale lui fournit des données sur les principales causes de décès dans le pays.

• Le HCSP : le Haut Conseil de la santé publique est un organisme d'expertise qui renseigne le Gouvernement sur l'état de santé des Français.

▶ La fixation des priorités nationales

Parmi les problèmes qui ont été repérés, le ministre fixe des priorités de santé publique. Pour le faire, il sera assisté d'organes consultatifs et d'expertise qui seront consultés pour donner leur avis sur la politique envisagée : la CNS (Conférence nationale de santé) et le HCSP. Une liste des priorités de santé publique sera donc établie.

▶ La détermination des objectifs nationaux

Chaque priorité nationale sera accompagnée d'objectifs précis à atteindre. Cette étape relève de la compétence du Gouvernement. Tous les cinq ans, il doit proposer un rapport contenant les objectifs sur lesquels il compte s'engager. Ce rapport sera annexé à la loi de santé publique qui sera votée par le Parlement.

2 Les acteurs

▶ Les acteurs décisionnels

• Le Gouvernement fixe les grandes orientations de la politique de santé publique du pays. Tous les cinq ans, il est prévu qu'il prépare un rapport contenant les objectifs nationaux et les plans stratégiques. Ce rapport fera partie de la loi de santé publique qui sera soumise au Parlement.

37 L'élaboration de la politique nationale

MÉMO SUITE

UE 1.2

• Le ministre de la Santé prépare la politique du Gouvernement dans les domaines de la santé publique, de l'organisation du système de soins, du travail, de la prévention des accidents de travail et des maladies professionnelles. Il a de nombreuses missions :
– il élabore les règles relatives à la politique de protection de la santé contre les divers risques susceptibles de l'affecter ;
– il est responsable de l'organisation de la prévention et des soins ;
– il est compétent en matière de professions médicales et paramédicales ;
– il est également compétent en matière de lutte contre la toxicomanie.
• Le Parlement vote la loi de santé publique contenant les objectifs prioritaires et les plans stratégiques nationaux. La loi du 9 août 2004 prévoyait que ce vote se déroule tous les cinq ans.

➤ **La coordination**

La politique de santé publique est une politique interministérielle. Elle fait donc intervenir plusieurs ministères. C'est le CNSP (Comité national de santé publique) qui est chargé de coordonner l'action des différents ministères en matière de sécurité sanitaire et de prévention.

➤ **La concertation et l'expertise**

• La CNS : la Conférence nationale de santé est une instance représentative. Chacun de ses membres représente un des acteurs du système de santé. Y sont représentés : les usagers, les professionnels médicaux, les établissements de santé, les industries pharmaceutiques, l'Assurance maladie, etc. C'est un lieu de concertation où chacun des acteurs peut s'exprimer. Elle est consultée par le Gouvernement lors de la préparation du projet de loi définissant les objectifs de santé publique. Elle formule des avis et des propositions sur les plans et programmes envisagés.
• Le HCSP : le Haut Conseil de la santé publique fut créé par la loi du 9 août 2004. C'est une instance d'expertise. Chaque année, il établit un rapport qui analyse les problèmes de santé de la population et les facteurs susceptibles d'en être à l'origine. Il est consulté par le Gouvernement pour toutes les questions relatives à la santé publique.

37 Santé publique et économie de la santé　　**UE 1.2**

MÉMO

UE 1.2

38 La mise en œuvre de la politique nationale

1 Présentation

▶ La notion de « mise en œuvre »

La mise en œuvre de la politique de santé publique correspond à la phase de réalisation de la politique, qui sera mise en place sur le terrain grâce à des actions de santé publique concrètes. Après avoir élaboré les plans nationaux de santé publique, l'État les mettra en œuvre grâce à des programmes qui définissent les actions à mener.

▶ Les programmes de santé publique

Les plans nationaux fixent les orientations, les objectifs généraux, le cadre et les modalités d'application. Les programmes nationaux fixent, quant à eux, les objectifs opérationnels à atteindre et traduisent en actions les orientations fixées par les plans. Un programme de santé publique est donc un ensemble coordonné d'actions.

▶ Les actions de santé publique

- Définition : une action de santé publique est une liste d'opérations à réaliser, en vue d'améliorer l'état de santé de la population. Elle doit être structurée et organisée. Les objectifs ainsi que les moyens doivent être précisés.
- La population concernée : les actions de santé publique se distinguent selon la population visée. Cette population est également appelée la population « cible ». Elles peuvent concerner toute la population ou seulement une partie. Une action peut concerner par exemple : les femmes, les jeunes, les travailleurs exposés à des substances toxiques, etc.....

2 Les acteurs

▶ Les acteurs de pilotage

- Le ministre de la Santé : il ne fait pas qu'élaborer les plans nationaux, il est aussi chargé de les mettre en œuvre. C'est lui qui fixe le cadre et les grandes orientations en matière d'éducation pour la santé.
- La CNAM : la Caisse nationale d'Assurance maladie joue un rôle important dans la mise en œuvre et dans le financement des actions.

38 La mise en œuvre de la politique nationale

MÉMO SUITE

UE 1.2

• **L'INPES** : l'Institut national de prévention et d'éducation pour la santé fut créé par la loi du 4 mars 2002. C'est un établissement public de l'État placé sous la tutelle du ministère de la santé. C'est lui qui coordonne et met en œuvre les programmes de santé publique de l'État. Il est notamment chargé de valoriser et de diffuser les programmes de prévention et d'éducation pour la santé. De plus, il a une mission d'expertise et de conseil en matière de prévention et de promotion de la santé.

➤ **Les partenaires**

Plusieurs partenaires sont également souvent associés à la mise en œuvre de la politique de santé publique. Ce sont principalement les associations et les collectivités territoriales

3 L'évaluation de la politique nationale

A Le principe

Toutes les politiques de santé publique font l'objet d'une évaluation. Cette évaluation permet de vérifier que les objectifs fixés ont été atteints et de rendre compte de l'efficacité et de l'efficience des actions menées.

B Fonctionnement

➤ **Le rapport d'évaluation**

Un rapport sera rédigé afin de réfléchir sur les éléments de la politique qu'il faudra améliorer pour la reconduire. C'est principalement le HCSP qui a pour mission d'évaluer les politiques et actions de santé publique.

➤ **Les étapes de l'évaluation**

Cette évaluation se fait à travers deux axes :

• Le suivi du déroulement des actions : la progression des actions et le respect des délais fixés sont contrôlés de manière régulière.

• L'évaluation finale de la politique portera sur :

– la cohérence des actions ;

– l'atteinte des objectifs et l'efficacité des actions réalisées ;

– l'efficience : rapport entre les ressources mobilisées et les résultats obtenus ;

– les impacts : effectivité globale de la politique sur la société ;

– la pertinence : lien entre les besoins identifiés et les objectifs poursuivis.

MÉMO

39 L'échelon régional de la politique de santé publique

UE 1.2

1 Organisation

▶ Les ARS : piliers de la politique régionale

La politique nationale décidée par le Gouvernement est ensuite déclinée dans chaque région. Depuis la loi HPST du 21 juillet 2009, dans chaque région, ce sont les ARS qui sont chargées de :

– mettre en œuvre la politique nationale ;
– tout en l'adaptant aux besoins spécifiques de leur région.

Cette double exigence signifie que chaque région doit transposer les objectifs nationaux tout en prenant en compte les besoins locaux. Cette organisation doit permettre de réduire les inégalités sociales et territoriales de santé et d'apporter des réponses plus adaptées aux réalités régionales.

▶ Le découpage des régions en territoires de santé

Afin d'être encore plus proche des besoins des habitants, chaque région est découpée en plusieurs territoires de santé. Ce découpage permet de connaître avec précision les particularités locales et donc de réduire les inégalités. L'ancrage territorial de la politique nationale permet d'adapter les plans nationaux aux spécificités de chaque territoire de santé. Dans chaque territoire de santé, sera constituée une Conférence de territoire.

2 Le PRS

Chaque région doit élaborer un projet régional de santé. Le PRS est l'outil fondamental de la politique de santé à l'échelon régional. C'est un document qui unifie toutes les stratégies en faveur de la santé de la région. Il réunit tous les domaines de la santé : organisation des soins, santé publique, santé au travail, environnement, hospitalisation, médecine de ville, prévention, risques sanitaires, etc... Il définit les objectifs pluriannuels de l'ARS ainsi que les mesures prévues pour les atteindre. Il est adopté pour cinq ans et se compose de plusieurs documents importants :

– le PSRS : qui contient la stratégie régionale ;
– les schémas : qui organisent la mise en œuvre de la stratégie ;
– les programmes : qui présentent les moyens et les actions à mener.

39 L'échelon régional de la politique de santé publique

UE 1.2

SUITE

➤ **Le PSRS**

Le plan stratégique régional de santé est la clef de voûte de l'ensemble de la démarche. C'est un document qui définit les priorités pour la région et les objectifs qui en découlent. Il assure la cohérence de l'ensemble des actions de santé sur la région. Pour cela, il prévoit notamment des articulations avec la santé au travail, la santé en milieu scolaire et la santé des personnes en situation précaire et d'exclusion. Le PSRS contient des objectifs en matière de :
– prévention ;
– accès aux soins, aux établissements et aux professionnels de santé ;
– réduction des inégalités sociales et territoriales de santé ;
– qualité et efficience de l'offre de soins ;
– respect des droits des usagers.

➤ **Les trois schémas régionaux**

Ils mettent en œuvre la stratégie pour atteindre les objectifs fixés par le PSRS. Ils portent respectivement sur :
– l'organisation des soins ;
– la prévention ;
– le domaine médico-social.

➤ **Les quatre programmes**

Ils déclinent les schémas en définissant les actions à mettre en place. Il s'agit du :
– PRAPS (programme régional d'accès à la prévention et aux soins) ;
– PRGDR (programme régional de gestion du risque) ;
– PRIAC (programme interrégional d'accompagnement et de la perte d'autonomie) ;
– programme de télémédecine.

39 Santé publique et économie de la santé   **UE 1.2**

MÉMO 40
UE 1.2

L'élaboration de la politique régionale

1 Les étapes de la procédure

▶ La définition des territoires de santé

Ce sont les directeurs de chaque ARS qui délimitent les territoires de santé de leur région. Ce découpage doit être approuvé par le préfet de la région, la CRSA et les conseils généraux concernés. Dans chaque territoire de santé, une Conférence de territoire sera ensuite instituée.

▶ L'analyse des besoins de la région

Cette étape est appelée le « diagnostic régional partagé ». La notion de *diagnostic* désigne l'analyse des besoins de la population de la région afin de faire émerger ses spécificités. Il s'agit d'un diagnostic « *partagé* » car il s'inscrit dans une démarche de concertation entre les acteurs du système de santé. C'est donc un travail collectif qui associe tous les acteurs régionaux concernés et qui implique aussi les collectivités locales et les usagers. C'est un état des lieux qui précède l'élaboration du PRS.

▶ La fixation des priorités et des objectifs régionaux

Les orientations de la politique régionale sont définies dans le PRS. Dans chaque région, c'est le directeur de l'ARS qui élabore l'ensemble du PRS (PSRS, schémas et programmes). C'est lui qui préparera le document avec l'aide d'organes consultatifs :
– la CRSA (Conférence régionale de la santé et de l'autonomie) ;
– les conférences de territoires de la région

2 Les acteurs

▶ Les acteurs décisionnels

Les ARS sont responsables de la politique de santé publique dans les régions. Ce sont des établissements publics de l'État à caractère administratif. Elles sont placées sous la tutelle du ministère de la Santé (c'est un service déconcentré de l'État) et chaque région en possède une. Elles sont venues remplacer plusieurs structures pour n'en faire plus qu'une.

MÉMO 40 SUITE — L'élaboration de la politique régionale

- Chaque ARS a pour missions :
- – de définir et de mettre en œuvre la politique régionale de santé publique ;
- – de réguler, d'orienter et d'organiser l'offre de soins dans sa région.
- L'ARS est donc une instance « pilier » qui s'occupe :
- – de la mise en œuvre, au niveau régional, de la politique nationale ;
- – de la sécurité sanitaire dans la région ;
- – des actions de prévention prévues menées dans la région ;
- – de l'organisation de l'offre de soins ;
- – de la répartition des professionnels de santé dans la région ;
- – de l'organisation de la permanence des soins.

▶ La concertation

Dans chaque région, des instances de concertation sont associées à l'élaboration de la politique régionale de santé : la CRSA (Conférence régionale de la santé et de l'autonomie) et les Conférences de territoires. La CRSA rassemble les acteurs de la santé au niveau de la région et les conférences de territoires rassemblent les acteurs de proximité qui œuvrent sur un territoire de santé. Ce sont :

- – des instances représentatives : chaque acteur du système de santé (usagers, professionnels médicaux, établissements de santé, industries pharmaceutiques, l'Assurance maladie...) y sont représentés ;
- – des lieux de concertation : les conférences favorisent le débat et les échanges sur les questions de santé qui touchent la région ;
- – des organes consultatifs : elles donnent leur avis à chaque phase d'élaboration de la politique régionale de santé publique. Elles sont notamment consultées par le directeur de l'ARS lors de l'élaboration du PRS. Elles peuvent également faire des propositions sur la politique régionale.

▶ Les autres acteurs

Dans chaque région, d'autres acteurs sont associés à l'élaboration de la politique régionale de santé. Sont également consultés pour donner leur avis :
- – le préfet de la région ;
- – le conseil régional ;
- – les conseils généraux des départements concernés ;
- – les conseils municipaux des communes concernées.

MÉMO

4.1 La mise en œuvre de la politique régionale

UE 1.2

La mise en œuvre du PSRS se fera grâce aux schémas et aux programmes régionaux. Ceux-ci sont également établis en s'appuyant sur un diagnostic partagé avec les usagers, les acteurs de santé et les partenaires institutionnels. Des réunions de concertation ont lieu dans les différents territoires à partir d'états des lieux spécifiques, afin de fixer des objectifs d'actions prioritaires.

Les acteurs

➤ Les acteurs de pilotage

Le pilotage de la politique de santé publique dans les régions se fait par l'ARS.

L'Assurance maladie est également un acteur important dans la mise en œuvre des actions de prévention dans les régions. La création des ARS a modifié l'organisation de l'Assurance maladie dans les régions : depuis le 1er juillet 2010, les CRAM (caisses régionales d'Assurance maladie) sont devenues les CARSAT (caisses d'assurance retraite et de la santé au travail). Les missions qu'exerçaient les CRAM en matière de politique sanitaire et médico-sociale sont dorénavant transférées aux ARS. Seuls l'Alsace, le département de la Moselle et l'Île-de-France n'ont pas de CARSAT.

➤ Les partenaires

La mise en œuvre des actions de santé publique dans les régions s'appuie également sur d'autres instances.

- **L'IREPS :** à l'échelon régional, l'Instance régionale d'éducation et de promotion de la santé sert de relais de l'information, forme des professionnels et diffuse des documents et des supports pédagogiques. Elle remplace le CRES (comité régional d'éducation à la santé). Elle coordonne l'action des CODES (comités départementaux d'éducation pour la santé). Au sein de chaque région, l'ensemble des CODES et l'IREPS forment un réseau. La mission du réseau est de promouvoir la santé et la qualité de vie dans la région en intervenant auprès des publics prioritaires, des professionnels et des bénévoles des secteurs sanitaires, sociaux, médico-sociaux et éducatifs.
- **Les associations :** de nombreuses associations participent à la mise en œuvre de la politique régionale. Il existe par exemple le CRIPS (Centre régional d'information et de prévention du sida).

MÉMO 41 SUITE
La mise en œuvre de la politique régionale

UE 1.2

❷ L'évaluation de la politique régionale

Il s'agit d'évaluer, dans chaque région, l'efficacité de la politique de santé menée.

➤ Les acteurs qui évaluent

La démarche de suivi et d'évaluation sera assurée par l'équipe de pilotage interne à l'ARS. Elle suivra l'état d'avancement du PRS et s'assurera de la cohérence globale.

➤ Les différentes approches

• Une approche quantitative : cette approche permettra de mesurer l'atteinte des objectifs stratégiques du PSRS. Cette évaluation se fera au travers d'indicateurs. Des indicateurs de suivi des différents schémas et programmes devront être définis dès le stade d'élaboration de la politique régionale.

• Une approche qualitative : cette approche viendra compléter le recueil d'indicateurs afin de confronter les résultats du PRS à l'avis des usagers et des acteurs de santé. Différentes instances de concertation seront donc mobilisées, parmi lesquelles la CRSA et les conférences de territoires.

➤ Les outils de l'évaluation

Plusieurs outils pourront être utilisés et diffusés régulièrement : tableau de bord, bilan d'étape annuel ou intermédiaire, bilan final...

MÉMO

UE 1.2

42 L'échelon local de la politique de santé publique

La politique nationale de santé publique est déclinée à l'échelon régional. Une déclinaison locale existe également : c'est ce que l'on appelle « l'échelon local ».

1 Le rôle des communes

▶ L'action des communes

Les communes participent donc également à la mise en place de la politique de santé publique. Les municipalités sont proches des citoyens et elles sont nombreuses à développer des actions visant à améliorer la santé de leurs habitants. Pour cela, les actions locales sont très variées, cela peut être :
- la création d'un centre de santé ;
- la création d'un service de soins à domicile ;
- la réalisation d'actions de prévention ;
- la création d'un « point santé-jeunes » ;
- la mise en place d'un atelier « santé-ville ».

▶ L'intérêt d'une politique locale

Décliner localement la politique de santé permettra de mieux cibler les problématiques spécifiques d'une ville. Les actions seront adaptées aux besoins des habitants. Certaines villes peuvent présenter des particularités qui ne constituent pas des priorités pour la région. C'est pour cela qu'il sera important de mettre en place une politique locale.

2 Le SCHS

Au niveau local, c'est le service communal d'hygiène et de santé qui est chargé de la protection de la santé publique, comme par exemple :
- la salubrité des logements ;
- la lutte contre le bruit ;
- la prévention des maladies transmissibles ;
- la qualité de l'eau.

3 Les outils de la politique locale

La politique de santé publique à l'échelon local peut être menée grâce à plusieurs leviers.

42 L'échelon local de la politique de santé publique

MÉMO SUITE

UE 1.2

- Les ateliers « santé-ville » sont créés à partir du volet « santé » de la politique de la ville. Ils sont composés des principaux acteurs de santé de la ville. Ils se réunissent régulièrement pour discuter et faire émerger les principaux problèmes de santé des habitants.
- Les CUCS (contrats urbains de cohésion sociale) sont un des outils utilisés par les communes.
- Les CLS (contrats locaux de santé) : la loi HPST prévoit que la mise en œuvre du projet régional de santé peut faire l'objet de contrats. Les contrats locaux de santé sont conclus entre l'ARS et les collectivités territoriales (article L. 1434-17 du Code de la santé publique). Ils concernent exclusivement les territoires particulièrement vulnérables. Ces contrats fixent au niveau local les engagements des collectivités territoriales concernées. Ils portent sur :
  – la promotion de la santé ;
  – la prévention ;
  – les politiques de soins ;
  – l'accompagnement médico-social ;
  – les déterminants de la santé (logement, transports, environnement physique, cohésion sociale...).
- Les PTS (programmes territoriaux de santé) : selon l'article L. 1434-2 du Code de la santé publique, « *le projet régional de santé est constitué : (...) de programmes déclinant les modalités spécifiques d'application de ces schémas, dont un programme relatif à l'accès à la prévention et aux soins des personnes les plus démunies et un programme relatif au développement de la télémédecine* ». Quatre programmes sont obligatoires : le PRAPS, le PRIAC, le PRGDR et le programme télémédecine. Le Code de la santé publique prévoit que des programmes territoriaux de santé peuvent également être définis.

42 Santé publique et économie de la santé

UE 1.2

MÉMO

UE 1.2

43 Le système de soins français

1 Présentation

► La distinction avec le système de santé

Le système de santé désigne l'organisation des moyens permettant de répondre aux besoins de santé de la population :
- les moyens matériels : les établissements de santé, l'équipement médical… ;
- les moyens humains : les professionnels de santé ;
- les moyens financiers : les organismes de protection sociale ;
- les moyens décisionnels : les choix de santé publique faits par les pouvoirs publics.

► Définition du système de soins

Le système de soins regroupe l'ensemble des structures et des professionnels qui prennent en charge les maladies et les handicaps. Il s'agit donc de tous les acteurs qui participent à la prévention, les soins et la réadaptation.

► Diversité des acteurs

Le système de soins français s'appuie sur :
- de nombreux services ;
- de nombreux personnels de santé ;
- de nombreuses structures collectives.

La diversité des acteurs qui participent au système de soins se traduit également par la présence d'entités ayant des statuts juridiques et des missions différents. On distingue trois principales entités qui composent notre système de soins : l'offre de soins, la demande de soins et le financement des soins.

2 Les composantes du système de soins

► L'offre de soins

L'expression « offre de soins » désigne l'ensemble des structures et des professionnels qui fournissent des soins ou qui participent à l'organisation des soins. Elle regroupe :
- **les professionnels de santé :**
  - les professionnels médicaux (médecins libéraux et salariés, généralistes et spécialistes) ;

43 Le système de soins français

MÉMO SUITE

UE 1.2

– les professionnels pharmaceutiques ;
– les professionnels paramédicaux (infirmiers, kinésithérapeutes...).
• les établissements de santé :
– les établissements publics de santé ;
– les établissements de santé privés.
• les établissements médico-sociaux : il s'agit des établissements et services pour les personnes âgées, pour les enfants et pour les adultes handicapés.
• les services extra-hospitaliers :
– les structures alternatives à l'hospitalisation ;
– les centres de santé.
• les réseaux de soins : ce sont des organisations qui permettent une prise en charge globale du patient. Les réseaux regroupent plusieurs acteurs autour d'une même pathologie, d'un même problème ou d'une même population.

➤ **La demande de soins**

Il s'agit de l'ensemble des usagers. La population est une composante importante car c'est elle qui utilise le système de soins pour répondre à ses besoins de santé. De plus, le système de soins tente de rendre les individus acteurs de leur santé et leur accorde des droits en tant qu'usagers du système.

➤ **Le financement des soins**

Il s'agit des acteurs qui participent au financement des soins, comme l'État, les régions, les caisses d'Assurance maladie, les organismes de protection complémentaire, etc.

3 Les objectifs du système de soins

Le système de soins a pour finalité de répondre aux besoins de santé de la population à l'échelle du pays. Pour mieux répondre à ces besoins, les activités de chaque composante du système sont coordonnées pour :
– améliorer l'état de santé de la population ;
– maintenir un égal accès aux soins ;
– permettre la permanence des soins.

43 Santé publique et économie de la santé

UE 1.2

MÉMO

UE 1.2

44 L'évolution du système hospitalier

1 Les origines du système

➤ Les débuts

Jusqu'au XVIIIe siècle, l'hôpital est un lieu d'assistance et d'enfermement. Pendant longtemps, l'hôpital avait une vocation sociale en accueillant les infirmes, les plus âgés et les plus démunis. Progressivement, ses fonctions ont évolué vers un rôle sanitaire.

➤ À partir du XXe siècle

Une loi de 1941 lui assigne comme vocation de soigner toutes les catégories de malades. Avec l'avènement de la sécurité sociale en 1945, l'hôpital devient un lieu de prise en charge médicale de grande technicité ouvert à l'ensemble de la population. C'est donc à partir des années 1940 que l'hospitalisation a connu d'importantes évolutions.

2 Les lois hospitalières

➤ La loi du 31 décembre 1970

Cette loi a posé les premiers jalons d'un système hospitalier. Elle a notamment créé la notion de service public hospitalier.

➤ La loi du 31 juillet 1991

Cette loi a ensuite introduit d'importantes modifications, comme l'attribution de missions communes aux établissements de santé privés et publics et la précision des missions du service public hospitalier.

3 Les ordonnances de 1996

Les ordonnances du 24 avril 1996 sont appelée les ordonnances « Juppé ». Elles ont réorganisé les soins hospitaliers à l'échelle régionale.

➤ Les apports de ces ordonnances

● **La mise en place des CPOM** : les contrats pluriannuels d'objectifs et de moyens sont des contrats que chaque établissement doit signer avec l'État. Ces contrats définissent des objectifs de qualité et de sécurité des soins.

● **La création de l'ANAES** : l'Agence nationale d'accréditation et d'évaluation en santé est aujourd'hui remplacée par la HAS (Haute Autorité de santé) pour évaluer la qualité des soins dispensés par les établissements de santé.

44 L'évolution du système hospitalier

MÉMO SUITE

UE 1.2

• La création des ARH : les agences régionales de l'hospitalisation étaient responsables de la planification sanitaire et de l'organisation des soins hospitaliers dans chaque région. Aujourd'hui, elles ont été englobées par les ARS.

4 La loi du 4 mars 2002

La loi du 4 mars 2002 est appelée la loi « Kouchner ». Elle porte sur les droits des malades et la qualité du système hospitalier. Cette loi instaure une véritable démocratie sanitaire. Elle porte essentiellement sur l'affirmation des droits fondamentaux des malades :
– le droit à l'information médicale ;
– le droit d'accéder directement à son dossier médical ;
– la possibilité de désigner une personne de confiance ;
– le développement des associations de patients ;
– la création de l'ONIAM (Office national d'indemnisation des accidents médicaux).

5 Les réformes récentes

• Le Plan « Hôpital 2007 » (2002-2007) : pour faire face au malaise que connaît l'hôpital, ce plan est venu moderniser les établissements de santé. La mise en œuvre de ce plan se concrétisera par plusieurs mesures importantes, contenues dans des ordonnances prises entre 2003 et 2005 :
– modification du mode de financement des établissements de santé et création de la T2A ;
– amorce d'une nouvelle gouvernance des EPS ;
– modification du dispositif de planification sanitaire et suppression de la carte sanitaire.

• Le Plan « Hôpital 2012 » (2008-2012) : il s'inscrit dans la continuité du plan « Hôpital 2007 » en poursuivant ses projets et en renforçant certaines grandes mesures comme la tarification et la gouvernance des EPS.

• La loi HPST : cette loi est une loi de réforme hospitalière. Parmi les modifications profondes de cette loi, il y a par exemple : la clarification du statut des établissements de santé, la création des ARS et la consolidation de la nouvelle organisation interne des EPS.

44 Santé publique et économie de la santé

UE 1.2

UE 1.2

MÉMO

45 La planification sanitaire

1 Présentation

La planification sanitaire est un instrument de gestion du système de soins. Elle doit permettre au système de soins d'être adapté aux besoins de la population.

▶ Les actions

Pour atteindre cet objectif, plusieurs actions sont nécessaires :
- évaluer les besoins actuels et futurs ;
- connaître les ressources disponibles ;
- identifier les moyens, les personnels et les structures disponibles.

Cette démarche permet d'adapter les réponses et le fonctionnement du système de soins aux besoins, afin de satisfaire de manière optimale et égale la demande de santé.

2 Le SROS

Le SROS est le schéma régional d'organisation des soins. Il s'agit du nouvel outil de la planification. Il est venu remplacer l'ancien schéma régional d'organisation sanitaire. Depuis la loi HPST, le SROS est devenu l'unique support de la régulation de l'offre de soins. Dans chaque région, le SROS est élaboré par l'ARS. C'est un des trois schémas faisant partie du PRS.

▶ Les domaines concernés

Depuis 2009, il est élargi à l'offre de soins ambulatoires et il intègre de nouveaux acteurs de santé. Il permet ainsi une approche plus globale car il n'est plus essentiellement orienté sur l'offre hospitalière. Cet élargissement se manifeste par sa structuration en deux volets :

- le volet « offre de soins hospitaliers » qui concerne :
  - établissements de santé ;
  - titulaires d'autorisation d'activités de soins et d'équipements matériels lourds ;
  - titulaires de missions de service public.
- le volet « offre de soins ambulatoires » qui concerne :
  - les professionnels de santé libéraux ;
  - les maisons de santé ;
  - les centres de santé ;

45 La planification sanitaire

UE 1.2

MÉMO
SUITE

– les pôles de santé ;
– les réseaux de santé ;
– les laboratoires de biologie médicale.

➤ Les objectifs du SROS

Le SROS couvre désormais le champ hospitalier et le champ ambulatoire. Sa vocation première est de « *prévoir et de susciter les évolutions nécessaires de l'offre de soins afin de répondre aux besoins de santé de la population et aux exigences d'efficacité et d'accessibilité géographique* » (article L. 1437-7 du Code de santé publique).

➤ Le contenu du SROS

● Le SROS déterminera :
– les zones de mise en œuvre des mesures prévues pour l'installation des professionnels de santé libéraux, des maisons de santé et des centres de santé ;
– les adaptations et complémentarités de l'offre de soins ;
– les coopérations à mener.
● Parallèlement, pour chaque territoire de santé, les activités de soins et d'équipements matériels lourds sont étudiées et le SROS fixera :
– les besoins en implantations pour l'exercice des soins ;
– les OQOS (objectifs quantitatifs de l'offre de soins) ;
– les créations et les suppressions ;
– les transformations, regroupements et coopérations entre établissements.

45 Santé publique et économie de la santé

UE 1.2

UE 1.2

MÉMO

46 La régulation du système de soins

Tous les établissements de santé (publics et privés) sont soumis au contrôle de l'État. C'est dans ce cadre que l'ARS exerce un pouvoir de contrôle sur leur fonctionnement et leur financement. Ce contrôle est appelé « la régulation de système de soins ».

1 La procédure d'autorisation des activités de soins

▶ Le principe

Toute création d'établissement et services de soins doit être autorisée par l'État. Cette procédure lui permet de contrôler l'importance et la répartition de l'offre de soins sur l'ensemble du pays, en s'assurant que cette répartition soit adaptée aux besoins des habitants de chaque territoire.

▶ Les organes compétents

Cette procédure n'est pas nouvelle. Elle était de la compétence de l'ARH (agence régionale de l'hospitalisation) qui fut englobée par l'ARS depuis la loi HPST. Aujourd'hui c'est le directeur de l'ARS qui rendra sa décision après avoir consulté la CRSA, qui donnera son avis sur la demande. L'autorisation sera accordée pour cinq ans et une visite de conformité aura lieu dans les six mois suivant la mise en œuvre de l'activité autorisée.

▶ Les projets soumis à autorisation

Tous les projets d'envergure sont concernés par cette procédure :
– création, conversion, coopération, regroupement des activités de soins ;
– fermeture, changement de lieu d'implantation ;
– installation d'équipements matériels lourds ;
– modification des activités en formes alternatives ou en hospitalisation à domicile.

2 Les CPOM

Les contrats pluriannuels d'objectifs et de moyens sont des conventions signées entre le directeur de l'ARS et les acteurs de santé. Ces conventions sont la déclinaison opérationnelle du SROS pour chaque acteur. Ce sont des conventions pluriannuelles. Elles sont signées pour une durée maximale de cinq ans.

MÉMO 46 SUITE — La régulation du système de soins — UE 1.2

➤ Contenu des CPOM

Un CPOM détermine les orientations stratégiques de l'acteur de santé qui le signe. Ce document fixe :
- les objectifs quantifiés des activités des soins ;
- les objectifs quantifiés des équipements en matériels lourds ;
- les objectifs en matière de qualité et de sécurité des soins ;
- les objectifs en matière de maîtrise médicalisée des dépenses ;
- les engagements de retour à l'équilibre financier lorsqu'il y a lieu.

▶ **Le cadre régional de la régulation sanitaire**

MÉMO

UE 1.2 | **47** La certification des établissements de santé

1 Présentation

La certification est une la procédure d'évaluation externe des établissements de santé. Tous les établissements de santé sont concernés par cette procédure : les établissements publics et les établissements privés. L'appellation « certification » est venue remplacer celle de l'« accréditation ». L'accréditation se réfère désormais à une procédure de gestion des risques qui concerne les médecins et les équipes médicales de spécialités dites à risques.

➤ Cadre juridique

Cette procédure a été instaurée par l'ordonnance du 24 avril 1996. Cette ordonnance a également créé l'ANAES (Agence nationale d'accréditation et d'évaluation en santé), chargée de mener cette procédure. Depuis la loi du 13 août 2004, c'est la HAS (Haute Autorité de santé) qui est compétente pour mener cette procédure, rendue obligatoire.

➤ Objectifs

La procédure de certification répond à deux finalités :
– améliorer la qualité des soins ;
– améliorer la sécurité des soins ;
– mettre à la disposition du public une information sur la qualité des prestations délivrées par les établissements.

2 La procédure

➤ Le cadre de référence

L'évaluation est réalisée sur la base d'un manuel de certification. Ce document de référence permet d'évaluer le fonctionnement global de l'établissement de santé.

➤ Les étapes de la procédure

La procédure de certification se déroule tous les quatre ans. Elle doit respecter un déroulement précis, organisé en quatre étapes

MÉMO
47 SUITE
La certification des établissements de santé

UE 1.2

1re étape L'autoévaluation de l'établissement	Les professionnels de l'établissement effectuent eux-mêmes leur propre évaluation de la qualité des organisations et des pratiques mises en œuvre.
2e étape La visite de certification	Des experts et des professionnels mandatés par la HAS réalisent les visites de certification sur la base d'un manuel de référence.
3e étape La rédaction d'un rapport de certification	Un rapport d'évaluation est remis à la HAS afin qu'elle attribue un niveau de certification à l'établissement.
4e étape La diffusion du rapport	Le rapport est transmis à l'établissement et à l'ARS, puis il est mis en ligne sur le site internet de la HAS afin que les usagers puissent en avoir connaissance.

▶ **Le déroulement de la procédure de certification**

47 Santé publique et économie de la santé   **UE 1.2**

MÉMO

UE 1.2

48 Les établissements de santé

L'expression « établissement de santé » est le terme générique utilisé pour désigner une personne morale de droit public ou de droit privé qui assure, dans le système de soins, l'offre de soins et de services médicaux. Ce sont des structures qui délivrent des soins. Ces soins peuvent être avec hébergement, sous forme ambulatoire ou bien à domicile. L'expression « paysage hospitalier » désigne l'ensemble des établissements de santé.

1 Les missions des établissements de santé

Tous les établissements de santé, quel que soit leur statut, ont pour missions d'assurer le diagnostic, la surveillance et le traitement des malades, des blessés et des femmes enceintes, en tenant compte des aspects psychologiques du patient. Ils sont également tenus de procéder à l'évaluation de la qualité des soins dispensés.

2 Les activités des établissements de santé

Pour remplir leurs missions, les activités des établissements de santé sont nombreuses et se distinguent selon le critère d'hébergement du patient.

► Les activités avec hébergement à temps complet

Il s'agit de ce que l'on appelle l'« hospitalisation complète ».

- Les soins de courte durée : il s'agit de la prise en charge de la maladie dans sa phase aiguë, en médecine, chirurgie et maternité.
- La psychiatrie : ces activités permettent la prise en charge des maladies mentales et de la toxicomanie.
- Les soins de suite et de réadaptation : ces soins interviennent après la phase aiguë de la maladie. Ce sont des soins continus, prodigués dans le but d'une réinsertion.
- Les soins de longue durée : ces soins sont destinés aux personnes privées d'autonomie de vie et nécessitant d'une surveillance médicale constante.

► Les activités sans hébergement

Il s'agit de ce que l'on appelle les « alternatives à l'hospitalisation » : hospitalisation à domicile, anesthésie et chirurgie ambulatoires, hospitalisation à temps partiel, de jour ou de nuit, et consultations externes.

MÉMO

49 Le service public hospitalier

UE 1.2

1 Présentation

➤ Définitions

• **La notion de service public** : un service public est une activité d'utilité publique. Sa vocation est de sauvegarder l'intérêt général et de « *garantir à chaque citoyen, dans des conditions d'égalité, quels que soient son niveau de revenu et son lieu d'habitation, l'accès à l'ensemble des biens et des services jugés fondamentaux* ».

• **La notion de SPH** : le service public hospitalier est un service public de l'État qui concerne les soins hospitaliers. Cette notion fut créée par la loi du 31 décembre 1970 puis reprise par celle du 31 juillet 1991.

➤ Les principes

Le SPH exerce ses missions en respectant trois principes fondamentaux :
– l'égalité d'accès aux soins ;
– la continuité des soins ;
– l'adaptation continue des soins.

➤ Terminologie

La loi HPST a opéré un changement de terminologie : la notion de « service public » se substitue à celle de « service public hospitalier ». Cela rend le service offert aux usagers plus vaste et plus global. De plus cela permet à l'appellation d'être cohérente avec la participation de nouveaux acteurs de santé.

2 La composition du SPH

➤ Les établissements de santé

La loi HPST a modernisé le SPH. Avant cette loi, l'exécution des missions de SPH reposait essentiellement sur les EPS et sur des catégories d'établissements de santé précises. Désormais, ces missions peuvent être assurées, totalement ou en partie, par tout établissement de santé, quel que soit son statut. L'appellation d'ESPIC (établissements de santé privés d'intérêt collectif) fut ainsi créée. Cette catégorie englobe :
– les établissements de santé privés à but non lucratif ;
– les établissements à but lucratif qui demandent à participer au SPH.

49 Santé publique et économie de la santé

UE 1.2

MÉMO 49 SUITE

Le service public hospitalier

➤**Les autres acteurs**

Outre les établissements de santé, d'autres acteurs de santé peuvent dorénavant participer au SPH. Lorsqu'une mission de service public n'est pas assurée dans un territoire, l'ARS peut attribuer cette mission à un acteur de santé en signant un contrat. Peuvent ainsi être autorisés à exercer des missions de service public :
– les centres de santé ;
– les pôles de santé ;
– les maisons de santé ;
– les groupements de coopération sanitaire ;
– le service de santé aux armées ;
– les personnes titulaires d'une autorisation d'équipement matériel lourd.

❸ Les missions du SPH

Outre les missions que tout établissement de santé doit remplir, la participation au SPH implique des missions particulières, en partie ou en totalité. L'article L. 6112-1 du Code de la santé publique précise ces missions :
– l'égalité d'accès aux soins : les conditions d'admission sont identiques pour tous, pas de discrimination, accueil des plus démunis, lutte contre l'exclusion sociale ;
– la permanence des soins : l'accueil des usagers se fait 24 heures sur 24, 7 jours sur 7 ;
– l'aide médicale urgente : le SPH participe au SAMU en collaboration avec les autres professionnels ;
– la réalisation d'actions d'éducation sanitaire et de prévention ;
– la réalisation d'actions de santé publique ;
– l'enseignement : il concourt à la formation initiale universitaire et à la formation continue ;
– la recherche : le SPH participe à la recherche médicale, odontologique et pharmaceutique ;
– la prise en charge des soins palliatifs ;
– la prise en charge des personnes hospitalisées sans leur consentement ;
– les soins dispensés en milieux pénitentiaires ;
– les soins dispensés aux personnes retenues dans les centres socio-médico-judiciaires de sûreté ;
– les soins dispensés aux personnes retenues en application du code de l'entrée et du séjour des étrangers et du droit d'asile.

MÉMO

50 La T2A

UE 1.2

La T2A est la tarification à l'activité. *C'est un mode de financement qui établit les ressources des établissements de santé en fonction des activités, de leur nature et leur volume.*

1 Le financement des établissements avant la T2A

Les modes de financement que les établissements de santé ont connu ont évolué. Jusqu'en 2003, ces modes étaient différents selon le statut juridique de l'établissement. Plusieurs éléments étaient utilisés pour déterminer le financement des établissements de santé.

- Le prix de journée : ce financement était basé sur le nombre de journées d'hospitalisation.
- La DGF : la dotation globale de financement était une enveloppe annuelle calculée en fonction du budget de l'année précédente et d'un taux d'évolution des dépenses hospitalières.
- Le PMSI : le programme de médicalisation des systèmes d'information est un système introduit pour moduler le financement en fonction de l'activité médicale.
- L'ONDAM : l'objectif national de dépenses d'Assurance maladie permet la régulation du financement en fonction d'un montant défini annuellement par la Parlement lors du vote de la loi de financement de la sécurité sociale.
- L'OQN : l'objectif quantifié national était un objectif annuel de dépenses prises en charge par l'Assurance maladie.

2 Les débuts de la T2A

Le double système qui existait avant la mise en place de la T2A créait des disparités importantes entre les établissements de santé.

➤ La loi du 27 juillet 1999

Il s'agit de la loi qui a instauré la couverture maladie universelle. Elle a permis d'expérimenter de nouveaux modes de financement basés sur une tarification à l'activité et s'imposant à tous les établissements de santé publics et privés.

50 Santé publique et économie de la santé   **UE 1.2**

50 La T2A

SUITE

➤ Le PMSI

Ces activités sont mesurées à l'aide du PMSI. Le programme médicalisé des systèmes d'information est un système de recueil d'informations qui permet de mesurer l'activité hospitalière et le coût de cette activité. Ce système permet de faire correspondre les montants attribués à l'activité des établissements.

3 La mise en place de la T2A

En 2003, le Plan « Hôpital 2007 » vient homogénéiser le financement des établissements de santé. La T2A est progressivement étendue à tous les établissements de santé publics et privés qui pratiquent les activités de médecine, obstétrique et chirurgie (MCO). Ce sont donc les activités de l'établissement qui vont déterminer ses ressources. La T2A repose sur une logique de mesure des activités et non plus sur une autorisation de dépenses. Aujourd'hui, la T2A est le mode de financement unique des établissements de santé publics et privés.

➤ Fonctionnement de la T2A

• Les tarifs : cette tarification est calculée sur la base des données du PMSI. À chaque type de soin, correspond un tarif forfaitaire de séjour. Le prix de chaque activité est fixé chaque année par le ministre chargé de la santé pour les GHS et les GHM.

• La classification utilisée par le PMSI : le PMSI permet une classification du séjour de chaque patient au sein d'un GHM (groupe homogène de malades), auquel est associé un ou plusieurs GHS (groupe homogène de séjour). Les séjours et les malades sont donc regroupés en fonction de leurs similitudes : les caractéristiques, les soins, les pathologies, les coûts...

• Le budget des établissements de santé : il est appelé « EPRD » (état prévisionnel des recettes et des dépenses). Il est décidé chaque année par l'établissement de santé. C'est un acte prévisionnel, c'est-à-dire fixé pour l'année à venir. L'EPRD récapitule l'ensemble des recettes et des dépenses de l'établissement.

• L'ANAP : l'Agence nationale d'appui à la performance des établissements de santé et médico-sociaux est un organisme créé par la loi HPST qui a pour mission d'aider les établissements à accroître leur performance.

51 Les établissements publics de santé

UE 1.2

1 Présentation

➤ Statut juridique

Les EPS ont le statut de personne morale de droit public. Ils bénéficient d'une autonomie administrative et financière. Leur but n'est ni industriel, ni commercial et ils assurent une mission de service public.

➤ Le contrôle de l'État

Ils sont soumis au contrôle de l'État. Ce contrôle s'exerce à travers la tutelle de l'ARS, qui peut intervenir :
- en incitant ou en imposant la coopération des EPS ;
- en surveillant la gestion des EPS par le contrôle de légalité qui pèse sur les décisions ;
- en nommant et en évaluant certains directeurs ;
- en ayant la possibilité de placer un EPS sous administration provisoire en cas de situation grave.

➤ Typologie

• Avant la loi HPST : avant 2009, la typologie des EPS était complexe. Il y avait par exemple :
- les CHR (centres hospitaliers régionaux) ;
- les CHU (centres hospitaliers universitaires) ;
- les centres hospitaliers spécialisés en psychiatrie ;
- les hôpitaux locaux.

• Depuis la loi HPST : la loi HPST est venue clarifier et simplifier le statut des EPS en créant une catégorie unique : seuls les centres hospitaliers (régionaux et/ou universitaires) demeurent. L'appellation « hôpitaux locaux » disparaît. Les EPS peuvent être de ressort communal, intercommunal, départemental, régional, interrégional ou national.

51 Santé publique et économie de la santé   **UE 1.2**

MÉMO 51 SUITE

Les établissements publics de santé

❷ Le fonctionnement interne

A Les pôles d'activité

Les EPS organisent leurs activités en pôles. Un pôle d'activité est un regroupement d'unités médicales ayant des missions complémentaires. Le pôle devient la structure de référence. Cette expression se substitue peu à peu aux « services » et aux « départements ». Les pôles d'activité cliniques ou médico-techniques sont sous la responsabilité d'un praticien titulaire, qui dispose d'une autorité sur l'ensemble des équipes médicales, soignantes.

B La politique d'établissement

Pour fonctionner, tous les EPS doivent nécessairement mettre en place une politique d'établissement. Il s'agit d'une ligne générale de conduite et d'une logique de fonctionnement. Cette politique est définie par deux outils étroitement liés : le projet d'établissement et le CPOM.

➤ Le projet d'établissement

• Définition : il s'agit d'un document qui définit la politique interne et les objectifs de l'établissement. Depuis la loi hospitalière de 1991, les EPS et les établissements de santé privés à but non lucratif doivent établir un projet d'établissement pour cinq ans. Il doit être compatible avec le SROS (schéma régional d'organisation des soins). Depuis la loi HPST, c'est le conseil de surveillance qui adopte le projet d'établissement.

• Contenu : il définit les objectifs généraux de l'établissement concernant :
– le domaine médical ;
– les soins infirmiers ;
– la recherche biomédicale ;
– la politique sociale ;
– les plans de formation.

➤ Le CPOM

Le projet d'établissement se traduira par la mise en œuvre du CPOM (contrat pluriannuel d'objectifs et de moyens), signé par le directeur et l'ARS. Cette contractualisation sera ensuite adaptée à l'intérieur de l'établissement avec des contrats de pôle, signés entre les chefs de pôle et le directeur.

MÉMO 52 L'organisation administrative des EPS

UE 1.2

1 Définitions

• **La notion d'organisation administrative :** cette expression désigne la direction et la gestion de la structure. Dans un EPS, cette organisation se fait grâce à deux types d'organes : des organes de décision et des organes consultatifs.

• **La notion de gouvernance hospitalière :** cette expression désigne l'organisation générale d'un EPS. L'objectif de la gouvernance hospitalière est de décloisonner les structures. L'esprit de cette organisation est aussi d'associer les praticiens à la gestion de l'établissement, comme à la mise en œuvre de ses grandes orientations.

2 Les organes de décision

Tous les EPS sont dirigés selon une même organisation. Depuis la loi HPST, l'organisation interne de l'hôpital repose sur une gestion « tripartite ». Trois organes se partagent le pouvoir de décision : un conseil de surveillance, un directeur et un directoire.

• **Le conseil de surveillance :** il remplace l'ancien conseil d'administration. Il s'agit de l'organe délibérant de l'établissement. Il a pour principales missions :
– de se prononcer sur les orientations stratégiques de l'établissement ;
– de délibérer pour adopter le projet d'établissement ;
– d'exercer un contrôle permanent sur la gestion et la santé financière de l'établissement ;
– de délibérer sur l'organisation des pôles d'activité et des structures internes ;
– de donner son avis sur la politique d'amélioration de la qualité, de la gestion des risques et de la sécurité des soins ;
– d'intervenir en matière de coopération entre établissements.

Le conseil de surveillance est composé de plusieurs membres : des représentants du corps médical et des personnels hospitaliers, des représentants des collectivités territoriales, des personnes qualifiées et des représentants des usagers.

• **Le directeur :** il dirige l'hôpital, il s'agit donc de l'organe exécutif. Il est le représentant légal de l'établissement et il en assure la gestion et la conduite générale. Pour cela :
– il a autorité sur l'ensemble du personnel ;

52 Santé publique et économie de la santé **UE 1.2**

L'organisation administrative des EPS

– il nomme les chefs de pôle ;
– il ordonne les dépenses et les recettes ;
– il est responsable du bon fonctionnement de tous les services.

Le plus souvent, il est nommé par décret du ministre de la Santé. Afin de conduire la politique de l'établissement, c'est lui qui met en œuvre le projet d'établissement. D'autre part, c'est aussi lui qui élabore le projet médical, qui conclu le CPOM et qui fixe le budget. Enfin, il a aussi pour fonction de représenter l'établissement lors d'actions en justice, de signatures de contrats, ou bien lors de la participation à des instances représentatives.

● Le directoire : c'est une nouvelle instance qui fut créée par la loi HPST. L'idée était d'associer le personnel à la gestion de l'hôpital, afin de prendre en compte les préoccupations des professionnels de santé au moment des décisions. Les membres du directoire sont donc en majorité des membres du personnel médical, pharmaceutique, maïeutique, odontologique, etc. C'est un lieu de dialogue, qui éclaire, en amont, les décisions du directeur. Son rôle principal est de conseiller et assister le directeur lors des décisions qu'il prend. Parallèlement, il a deux missions spécifiques : il approuve le projet médical et il prépare le projet d'établissement.

C'est le directeur qui préside le directoire.

3 Les organes consultatifs

La plupart des décisions sont prises après avoir demandé l'avis d'instances consultatives. Ce sont des commissions ou des comités qui seront obligatoirement consultés par les dirigeants de l'établissement. Depuis la loi HPST, leur nombre obligatoire a été réduit, ce qui laisse plus de liberté d'organisation.

● La CME : la commission médicale d'établissement est composée de représentants du corps médical : des médecins et des chefs de pôles. Son rôle est de contribuer à l'amélioration continue de :
– la qualité et de la sécurité des soins ;
– la qualité des conditions d'accueil et de prise en charge des usagers.

Elle est chargée d'élaborer le projet médical. C'est le président de la CME qui le mettra en œuvre, sous l'autorité du directeur. Elle organise la formation continue et l'évaluation des pratiques professionnelles.

● Le CTE : le comité technique d'établissement est composé de représentants des personnels non médicaux. Il est consulté sur des projets de décision du conseil de surveillance.

MÉMO 52 SUITE
L'organisation administrative des EPS

UE 1.2

• **La CSIRMT :** la commission des soins infirmiers, de rééducation et médico-techniques représente le personnel paramédical. Elle sera consultée pour :
– l'organisation des soins ;
– l'évaluation de leur qualité ;
– la recherche en soins.

• **La CRUQPC :** la commission des relations avec les usagers et de la qualité de la prise en charge veille au respect des droits des usagers et facilite leurs démarches afin qu'ils puissent exprimer leurs griefs. Elle examine leurs réclamations et les informe sur les voies de conciliation et de recours. Elle est également consultée sur la politique d'accueil et de prise en charge des personnes malades et de leurs proches.

• **Le CHSCT :** le comité d'hygiène et de sécurité des conditions de travail est composé de représentants de l'administration et du personnel. Il étudie et améliore les conditions de travail, la sécurité des personnels et l'hygiène des locaux. Pour cela, il analyse et prévient notamment les accidents de travail.

• **Le CLIN :** de plus, depuis 1999, tous les établissements de santé doivent comprendre un comité de lutte contre les infections nosocomiales. Il est composé de membres du personnel médical et paramédical. Il a pour mission de repérer et de prévenir les infections constatées à l'Hôpital. Il formule des recommandations et des avis, et il élabore un rapport d'activité annuel.

▶ **La gouvernance d'un EPS**

Documents Organes	Projet médical	Projet d'établissement	CPOM	Budget
Directeur	Élabore/prépare	Met en œuvre	Conclu	Fixe
Directoire	Approuve/adopte	Prépare/élabore	Conseille le directeur	Conseille le directeur
CME	Donne son avis	Donne son avis	Donne son avis	Donne son avis
Conseil de surveillance	*N'intervient pas*	Adopte/vote (délibère)	*N'intervient pas*	Suit/contrôle

Source : « Hôpital, Patients, Santé, Territoires » – Une loi à la croisée de nombreuses attentes, www.sante.gouv.fr

52 Santé publique et économie de la santé   **UE 1.2**

UE 1.2

MÉMO

53 Les établissements de santé privés

1 Présentation

► Statut juridique

Les établissements de santé privés appartiennent au secteur privé. Ils ont le statut de personne morale de droit privé.

► Typologie

Avant la loi HPST, les établissements de santé privés étaient classés selon le but qu'ils poursuivaient, il existait donc deux types.

- **Les établissements à but lucratif** : le plus souvent constitués sous la forme de sociétés créés à partir de capitaux privés, leur fonctionnement doit aboutir à certains profits.
- **Les établissements à but non lucratif** : ils sont gérés par une personne morale de droit privé. Ils peuvent être gérés par des associations, des sociétés mutualistes, des fondations, etc. Les bénéfices qu'ils réalisent sont utilisés pour atteindre l'objectif sanitaire poursuivi et pas pour enrichir ses membres. Avant la loi HPST, parmi les établissements de santé privés, certains participaient au service public hospitalier. Ces derniers étaient appelés « PSPH » : participant au SPH. Les autres étaient appelés « non PSPH ». Depuis la loi HPST, les établissements privés à but non lucratif qui participent au SPH deviennent des ESPIC (établissements de santé privés d'intérêt collectif) et ils remplissent une ou plusieurs missions de service public.

2 Les ESPIC

Selon le Code de la santé publique, sont ESPIC : les centres de lutte contre le cancer et les établissements de santé privés gérés par des organismes sans but lucratif qui en font la déclaration auprès de l'ARS.

► Fonctionnement

- **Les obligations** : selon l'article L. 6161-5, les ESPIC doivent garantir à tout patient accueilli dans le cadre de ces missions :
  – l'égal accès à des soins de qualité ;
  – la permanence de l'accueil et de la prise en charge, ou l'orientation vers un autre établissement ou une autre institution, dans le cadre défini par l'ARS ;

53 Les établissements de santé privés

MÉMO SUITE

UE 1.2

– la prise en charge aux tarifs fixés par l'autorité administrative ou aux tarifs des honoraires prévus par le Code de la sécurité sociale.

• Le financement : la comptabilité de ces établissements repose sur le droit privé et les bénéfices obtenus seront intégralement réinvestis dans l'innovation et le développement de nouveaux services au bénéfice des patients. Leur mode de financement est le même que celui des EPS et repose sur la T2A.

• L'organisation interne : ils ne sont pas soumis à des contraintes pour leur organisation interne. Les pouvoirs publics ne peuvent pas intervenir dans le choix de leurs responsables. L'organe délibérant peut être un conseil d'administration ou un conseil de surveillance. Une conférence médicale d'établissement sera consultée lors des décisions. Ses missions sont identiques à la CME des EPS.

3 Les Centres de lutte contre le cancer

➤ Statut juridique

Les CLCC sont des établissements de santé privés à but non lucratif qui participent au SPH. C'est le ministre chargé de la santé qui arrête la liste des centres de lutte contre le cancer.

➤ Fonctionnement

Chaque centre doit disposer d'une organisation pluridisciplinaire garantissant une prise en charge globale du patient et comprenant au moins des moyens en chirurgie, oncologie médicale, radiothérapie et anatomo-cytopathologiste.

4 Les établissements à but lucratif

Ils ont le statut de personnes morales de droit privé. Ils sont le plus souvent constitués sous forme de sociétés de personnes ou de capitaux, au sein desquelles s'exerce l'activité libérale des praticiens. Ils sont couramment appelés « cliniques ». Ils passent un contrat avec des médecins, associés ou non, pour pouvoir fonctionner. Ils sont gérés de façon moins rigide que les EPS.

53 Santé publique et économie de la santé   **UE 1.2**

MÉMO

UE 1.2

54 La coopération hospitalière

Les groupements de coopération sont des dispositifs permettant à plusieurs acteurs du système de soins de se regrouper pour mener des actions communes. Il s'agit d'une logique de complémentarité qui doit permettre de réaliser des économies et d'améliorer la qualité de la prise en charge des usagers dans sa globalité.

1 Les deux formes traditionnelles de coopération

▶ La coopération conventionnelle

Appelée également « coopération fonctionnelle », il s'agit d'un accord conclu entre plusieurs acteurs de santé. Elle permet de regrouper des activités en signant un simple contrat qui définira les obligations de chaque partie. C'est le mode de coopération le plus souple. En revanche, cette coopération n'entraîne pas la création d'une nouvelle entité juridique et ne permet donc pas aux partenaires d'avoir un budget propre ou de recruter du personnel.

▶ La coopération organique

Appelée également « coopération structurelle », cette forme de regroupement, donnera naissance à une personne morale distincte des acteurs qui en font partie. Elle permet une mutualisation des moyens et renforce les liens entre les partenaires grâce à la mise en place d'une structure commune. L'entité juridique nouvelle qui sera créée pourra disposer d'un budget ou d'un patrimoine propres et aura la possibilité de recruter du personnel en son nom.

2 Le cadre légal de la coopération

L'ordonnance du 24 avril 1996 a créé le GCS (Groupement de coopération sanitaire) (et la loi HPST est venue le modifier. Avant cette loi, il existait déjà plusieurs modes de coopération entre établissements ou professionnels de santé. Un des objectifs essentiels de la loi HPST était de mieux adapter l'offre de soins aux besoins de la population, aux évolutions techniques et aux attentes des professionnels. Elle a donc généralisé et modifié le cadre de la coopération hospitalière en rénovant les outils auxquels peuvent recourir les établissements de santé. De nouveaux outils de coopération ont été créés, d'autres ont été rénovés et certains ont été supprimés.

54 La coopération hospitalière

MÉMO SUITE

UE 1.2

➤ **Les modes de coopération qui disparaissent**

Certaines formes de coopération ont été supprimées :
– les « cliniques ouvertes » ;
– les communautés d'établissements de santé ;
– les SIH (syndicats inter hospitaliers), qui doivent être transformés en GCS, CHT ou GIP.

➤ **Les modes de coopération maintenus**

Aujourd'hui, les acteurs du système de soins disposent de nombreux outils de regroupement :
– le GIP (groupement d'intérêt public) : il s'agit d'un organisme permettant aux services de l'État d'établir une coopération avec d'autres structures publiques ou privées. Il comprend toujours au moins une personne morale de droit public.
– le GIE (groupement d'intérêt économique) ;
– le GCS (groupement de coopération sanitaire) ;
– le GCSM (groupement de coopération sociale ou médicosociale) ;
– l'association (loi 1901) ;
– la fondation ;
– la société d'économie mixte locale.

➤ **Les nouveautés introduites par la loi HPST**

Un nouvel outil de coopération conventionnelle est créé en 2009 : la CHT (communauté hospitalière de territoire). Le GCS (groupement de coopération sanitaire), quant à lui, est maintenu mais il est réformé avec la création de deux catégories de GCS : le GCS de moyens et le GCS « établissement de santé ».

MÉMO

55 Le groupement de coopération sanitaire

UE 1.2

1 Statut juridique

Le GCS est une personne juridique à part entière. Il s'agit de l'outil de coopération privilégié entre établissements de santé. Son statut découlera de la nature juridique de ses membres.

2 Objectifs

Il a pour objet de faciliter, de développer ou d'améliorer l'activité de ses membres. Il peut viser à organiser et gérer des activités communes ou des équipements d'intérêt commun. Il permet la mise en commun de moyens de toutes natures.

- Des moyens humains : il s'agit de la mise en commun des personnels soignants, administratifs ou techniques et de la constitution d'équipes médicales communes.
- Des moyens matériels : le domaine public, les locaux, l'équipement matériel lourd ou le plateau technique peuvent être mis en commun.
- Des moyens financiers : la mise en commun peut se concrétiser par des apports au capital, des contributions financières ou par la capacité à percevoir des subventions.
- Des moyens organisationnels : il s'agit de la mise en commun des activités administratives, comptables, logistiques ou techniques.

3 Composition

La démarche de coopération concerne tous les professionnels de santé, quel que soit leur secteur et leur cadre d'exercice. Cela peut être : le professionnel libéral, salarié en établissement de santé public ou privé, en centre de santé, en cabinet libéral, en maison de santé pluridisciplinaire, etc.

- Les acteurs d'un GCS : ouvert à tous les acteurs du champ sanitaire et médico-social, ainsi qu'à la médecine de ville. Au moins un des membres du GCS devra être un établissement de santé. Peuvent constituer un GCS : les établissements de santé (publics ou privés) ; les établissements médico-sociaux ; les professionnels médicaux libéraux ; les centres de santé et les pôles de santé.
- La loi HPST a fait évoluer le GCS en opérant une distinction entre deux catégories de GCS : le GCS de moyens et le GCS « établissement de santé ».

MÉMO 56 La Communauté hospitalière de territoire

UE 1.2

1 Présentation

La CHT est un nouveau mode de coopération. C'est la loi la loi HPST qui a institué la CHT afin de mieux répondre aux besoins des populations d'un territoire. Le territoire d'une CHT n'est pas obligatoirement le territoire de santé défini par l'ARS. La création d'une CHT doit permettre de définir une stratégie commune et de mutualiser des compétences : les ressources humaines, systèmes d'information, etc. Les membres d'une CHT gèrent en commun certaines fonctions et activités sur la base d'un projet médical partagé, tout en gardant leur indépendance fonctionnelle. Il s'agit d'une coopération conventionnelle, ce qui signifie que le regroupement n'aboutit pas à la création d'une nouvelle personne morale autonome. Les partenaires ne peuvent donc pas disposer d'un patrimoine et d'un budget propres, ni recruter du personnel. C'est un outil de coopération réservé au secteur public car seuls des EPS peuvent conclure une convention de CHT. Il ne concerne pas les professionnels de santé libéraux.

2 Le contrôle de la coopération hospitalière

Dans chaque région, c'est l'ARS qui est chargée de réguler et d'organiser l'offre de services de santé. La coopération est l'un des outils de l'ARS pour la régulation du système régional de santé. Les projets de coopération seront toujours précisés dans le SROS.

➤ Les pouvoir de l'ARS

• Le pouvoir incitatif de l'ARS : pour coordonner l'évolution du système hospitalier, le directeur de l'ARS peut demander aux EPS de :
– conclure une convention de CHT (communauté hospitalière de territoire) ;
– créer un GCS (groupement de coopération sanitaire) ou un GIP (groupement d'intérêt public).
• Le pouvoir coercitif de l'ARS : la création d'une CHT peut parfois être imposée par le directeur de l'ARS. C'est le cas lorsque la qualité et la sécurité des soins le justifient ou bien lorsqu'un déséquilibre financier important est constaté. Le directeur de l'ARS peut aussi décider que l'autorisation d'activités de soins ou d'équipements ne sera accordée que si l'établissement met en œuvre des mesures de coopération.

56 Santé publique et économie de la santé   **UE 1.2**

UE 1.2

MÉMO 57 Les autres établissements de santé

1 Les services extra-hospitaliers

Ce sont des services rattachés à une structure hospitalière qui ne proposent pas d'hébergement.

- **Les structures ambulatoires** : il s'agit de structures d'accueil qui, par leurs actions de prévention, de soutien thérapeutique ou encore d'interventions à domicile, favorisent l'autonomie et la réinsertion rapide du patient. Il s'agit par exemples des centres médico-psychologiques, des centres d'accueil thérapeutiques à temps partiel.
- **Les hospitalisations partielles** : ces structures assurent des soins et sont des alternatives à une prise en charge à temps complet. Le patient reste dans son milieu de vie et bénéficie de soins particuliers. Il s'agit par exemple des hôpitaux de jour, de nuit, des ateliers thérapeutiques.
- **Les structures à temps complet** : il s'agit d'unités spécialisées de courte ou de moyenne durée, comme les centres de crises destinés à une prise en charge psychiatrique, les centres de postcure assurant un prolongement de soins.

2 Les permanences de soins

- Elles sont organisées par les agences régionales de santé (ARS).
- Elles sont accessibles par le 15.
- Elles sont assurées par des médecins volontaires.
- Certaines structures accueillent les patients aux heures de fermeture des cabinets médicaux (maisons médicales de garde). D'autres proposent des soins de premiers secours et participent à des actions de santé publique (les maisons de santé, les pôles de santé, les centres de santé).

Cet ensemble de structures permet d'apporter une réponse face aux problématiques de démographie de santé et d'inégalités de répartition des soins sur le territoire.

MÉMO
58 Les alternatives à l'hospitalisation

UE 1.2

1 Généralités

➤ Définition

Au sens de l'Assurance maladie, il s'agit de « *toutes les activités qui permettent d'éviter une hospitalisation ou d'en réduire la durée, ainsi que celles qui lui évitent la prise en charge de la totalité des frais d'hébergement et de soins engagés pour une hospitalisation complète* ».

Elles constituent « *un mode privilégié d'innovation dans les pratiques de soins et un vecteur important de diffusion de nouvelles technologies dans le système de santé d'aujourd'hui* » (CNAMTS).

➤ Classement

Selon la position du financeur, on distingue trois types d'alternatives :

– les alternatives médico-sociales concernant essentiellement les structures pour personnes âgées et les handicapés où l'assurance maladie intervient conjointement avec d'autres financeurs (Aide sociale, bénéficiaires...) ;

– les alternatives en psychiatrie dont les financements étaient en partie assurés par l'État et les collectivités locales jusqu'à 1985 et qui sont depuis entièrement prises en charge par l'assurance maladie ;

– les alternatives médicales et médico-techniques entièrement financées par l'Assurance Maladie.

➤ Objectifs

- Maîtriser les dépenses hospitalières et plus largement des dépenses de santé.
- Garantir l'intérêt du patient.
- Décloisonner l'offre de soins.

2 Les principales alternatives à l'hospitalisation

➤ L'hospitalisation à domicile

- Elle permet « *d'assurer au domicile du malade, pour une période limitée mais révisable, en fonction de l'évolution de son état de santé, des soins médicaux et paramédicaux continus et nécessairement coordonnés* ».

---

58 Santé publique et économie de la santé

UE 1.2

Les alternatives à l'hospitalisation

● Elle a pour finalité d'éviter ou de raccourcir une hospitalisation en établissement et a pour objectif d'améliorer le confort du patient dans de bonnes conditions de soins.

● Elle est gérée soit par des établissements de santé publics ou privés participant au service public hospitalier, soit par des associations ou des structures privées passant généralement des conventions avec les établissements de santé.

● Elle est moins onéreuse qu'une hospitalisation complète.

➤ **Le service de soins infirmiers à domicile**

● Il assure, sur prescription médicale, aux personnes âgées ou dépendantes, les soins infirmiers ou d'hygiène générale, les concours nécessaires à l'accomplissement des actes essentiels de la vie, ainsi qu'éventuellement d'autres soins relevant d'auxiliaires médicaux.

● Il se situe souvent en amont d'une hospitalisation.

● Il assure le remboursement par l'assurance maladie à 100 % des actes, selon un forfait journalier révisé chaque année.

➤ **Le maintien à domicile**

● Il a souvent pour objectif de retarder au maximum, voire d'éviter, l'entrée de la personne en établissement de soins ou en maison de retraite, en créant un environnement social favorable autour de la personne.

● Il entraîne la collaboration d'une variété d'acteurs proposant des aides principalement centrées sur les besoins primaires des patients : soins d'hygiène, fourniture de repas, aide-ménagère, aide dans les déplacements, téléassistance, jardinage...

MÉMO 59 Filières de soins

UE 1.2

1 Généralités

Selon l'ordonnance du 24 avril 1996 « *des filières de soins* sont organisées à partir des médecins généralistes, chargés du suivi médical et de l'accès des patients au système de soins ».

➤ Objectifs

Il s'agit d'orienter la trajectoire du patient pour une meilleure qualité des soins, une meilleure utilisation des équipements et une prise en charge pluridisciplinaire.

➤ Organisation des filières de soins

- Une filière est caractérisée par les intervenants successifs, la nature des soins apportés par chacun d'entre eux, les règles de progression du patient entre ces divers intervenants.
- L'organisation en filières respecte l'indépendance des acteurs, chacun prenant la suite de l'autre, mais avec la nécessité d'un référent pour instaurer une cohérence dans la prise en charge du patient.
- Les filières sont représentées par les différentes modalités de recours aux soins et les trajectoires suivies par les patients.
- On peut ainsi décrire :
  – les structures de premier recours : médecin généraliste, médecin spécialiste de ville ;
  – les structures de deuxième niveau : établissement hospitaliers de proximité, centre de diagnostics ;
  – les structures spécialisées de troisième niveau : CHU, CLCC (centres de lutte contre le cancer), autres établissements spécialisés.
- Certaines structures font l'objet d'une réglementation détaillée précisant leurs missions et leur mode de fonctionnement : CHU, CLCC, établissements psychiatriques. On pourra ainsi parler de filières publiques ou privées selon le statut des établissements participants.

59 Santé publique et économie de la santé   **UE 1.2**

MÉMO 59 SUITE

Filières de soins

❷ Le parcours de soins coordonnés

La loi du 13 août 2004 oblige l'assuré à déclarer un médecin traitant auprès de sa caisse. Il devient son référent, organise son parcours de soins et assure la coordination des soins.

● Cette obligation garantit pour le patient les meilleurs remboursements possibles. Si l'assuré ne communique pas le nom de son médecin traitant à sa caisse de sécurité sociale, il est moins bien remboursé : 30 % au lieu de 70 % du tarif conventionnel de l'assurance-maladie.

● Le médecin référent constitue le dossier médical personnalisé du patient. Il peut faire appel, lors du suivi médical, à l'avis de ses confrères. Différents types d'orientation vers un autre médecin sont alors prévus :

– la demande d'avis ponctuel : le médecin traitant dirige son patient vers un autre médecin que l'on appelle « médecin correspondant ». Celui-ci n'est pas habilité à faire des soins répétés. C'est donc au médecin traitant de s'assurer que les prescriptions faites par son confrère sont bien respectées par le malade ;

– la nécessité de soins répétés : le médecin correspondant demande l'avis à plusieurs spécialistes pour le traitement d'une même pathologie. Les différentes consultations du patient son alors inscrites dans un plan de soins programmé par le médecin traitant et en collaboration avec le médecin correspondant. Si le patient souffre d'une ALD, un protocole de soins lui permet d'accéder aux médecins spécialistes sans avoir à passer par son médecin traitant.

Aujourd'hui, 85 % des assurés ont choisi un médecin traitant. Ce référent devient l'acteur d'un suivi médical coordonné et d'une prévention personnalisée.

MÉMO

60 Les soins de premier recours

UE 1.2

1 Présentation

➤ L'égal accès à des soins de qualité

Un des enjeux importants de la loi HPST a été de créer les conditions nécessaires à l'amélioration de l'accès aux soins. Son Titre II « *Accès de tous à des soins de qualité* » contient plusieurs mesures qui visent à optimiser l'accès de tous les français à des soins de qualité, sur l'ensemble du territoire. L'accès aux soins sur le territoire a donc été repensé en intégrant les besoins de santé de « premier recours ».

➤ Organisation des soins en niveaux de recours

Afin de renforcer l'accessibilité au système de soins, la loi HPST a défini une organisation de l'offre de soins en niveaux de recours, en fonction des besoins de santé de la population. Ainsi, le parcours de soins coordonné se décline en deux niveaux de recours :
– les soins de premiers recours : centrés autour du médecin généraliste qui assure l'orientation du patient
– les soins de second recours : dispensés par les médecins spécialistes et les établissements de santé.

2 L'offre de soins de premier recours

➤ Terminologie

Plusieurs termes ont été utilisés pour désigner ce type de soins, par exemple :
– le terme « médecine de ville » regroupe tous les professionnels de santé libéraux qui exercent en cabinets dits « de ville ». Il s'agit des soins, des examens et des consultations réalisés en cabinet, par opposition à ceux qui sont réalisés en établissement de santé ;
– les notions de « soins ambulatoires » ou « soins primaires » sont également utilisées.

➤ Reconnaissance légale

La loi HPST a consacré la notion de « soins de premier recours ». Depuis son entrée en vigueur, l'article L. 1411-11 du Code de la santé publique précise que

60 Santé publique et économie de la santé   **UE 1.2**

09 Les soins de premier recours

MÉMO SUITE

« *L'accès aux soins de premier recours ainsi que la prise en charge continue des malades sont définis dans le respect des exigences de proximité, qui s'apprécie en termes de distance et de temps de parcours, de qualité et de sécurité* ». Il s'agit donc de l'offre de soins de proximité aisément accessibles.

▶ L'accessibilité des soins

Le caractère accessible des soins de premier recours englobe trois dimensions :

– la proximité géographique : l'accessibilité en termes de proximité géographique concerne l'éloignement, la mobilité et le nombre de professionnels dans certaines zones ;

– l'accès pour tous : l'accessibilité en termes pécuniaires concerne les dépassements d'honoraires et le refus d'accepter les patients bénéficiaires de la CMU. Ces difficultés sont trop souvent à l'origine du renoncement aux soins des personnes démunies ;

– la coordination des soins : l'accessibilité en termes d'organisation et de coordination des soins implique que les soins ne doivent plus être dispensés de manière isolée, il doit y avoir une continuité des soins.

❸ Le contenu des soins de premier recours

La loi HPST précise que les soins de premier recours comprennent :

– la prévention, le dépistage et l'éducation pour la santé ;
– le diagnostic et le traitement des maladies et affections courantes ;
– le suivi des patients ;
– la dispensation de médicaments, produits et dispositifs médicaux ;
– le conseil pharmaceutique ;
– l'orientation dans le système de soins et le secteur médico-social.

❹ Les acteurs

L'offre de soins de premiers recours est assurée par les professionnels de santé en collaboration ou en coopération avec les établissements et services de santé, sociaux et médico-sociaux. Participent à l'offre de soins de premier recours :

– les médecins généralistes ;
– les pharmaciens ;
– les centres de santé ;
– les maisons de santé ;
– les pôles de santé.

MÉMO

61 Les professionnels de santé

UE 1.2

❶ Définition

On appelle « profession de santé » une profession dans laquelle une personne exerce ses compétences ou fournit une prestation en vue du maintien ou l'amélioration de la santé des individus. Le champ des professionnels de santé est donc très vaste : il regroupe l'ensemble des professions réglementées par le Code de la santé publique, ainsi que les autres intervenants des services de santé. D'un point de vue juridique, l'expression « professionnels de santé » ne pourrait recouvrir que les professionnels dont le droit et les conditions d'exercice sont réglementés par le Code de la santé publique. Mais, tradition-nellement, on retient une présentation plus large, qui englobe toutes les professions médicales et paramédicales.

❷ Classification

➤ Les professions médicales

Il s'agit des :
– médecins ;
– chirurgiens-dentistes ;
– sages-femmes ;
– pharmaciens biologistes.

➤ Les professions paramédicales

Ces professionnels interviennent suite à une prescription médicale et se classent en trois catégories :
• les professions de soins :
– infirmier ;
– aide soignant ;
– auxiliaire de puériculture ;
– assistant dentaire.
• les professions de la rééducation :
– masseur kinésithérapeute ;
– pédicure podologue ;
– psychomotricien ;

61 Santé publique et économie de la santé

UE 1.2

Les professionnels de santé

- ergothérapeute ;
- diététicien ;
- orthophoniste ;
- orthoptiste.
- Les professions médico-techniques :
- manipulateur d'électroradiologie médicale ;
- préparateur en pharmacie ;
- ambulancier ;
- technicien d'analyses biomédicales ;
- audioprothésiste ;
- opticien lunetier.

3 La coopération

La coopération entre les professionnels de santé est incitée par la loi. Le patient est informé de cette coopération. Les professionnels soumettent à l'ARS les protocoles de coopération. L'agence vérifie que ces protocoles répondent à des besoins de santé constaté au niveau régional, les soumet à la Haute Autorité de santé et autorise la mise en œuvre de ces protocoles.

4 La réglementation

- **Les ordres professionnels :** les professions de santé sont réglementées par un ensemble de règles professionnelles. Certaines de ces professions sont régies par des principes établis par des ordres professionnels. Ce sont des organismes qui ont des missions déontologiques, administratives, consultatives et juridictionnelles. Toutes les professions ne sont pas régies par un ordre. En France, sept groupes de professionnels de santé sont dotés d'un ordre national : les médecins, les chirurgiens-dentistes, les pharmaciens, les sages-femmes, les infirmiers, les masseurs kinésithérapeutes et les pédicures podologues. Lorsqu'une profession est régie par un ordre, l'inscription du professionnel au tableau de cet ordre est obligatoire.
- **Le Haut Conseil des professions paramédicales :** il a pour fonction de mener une réflexion interprofessionnelle sur l'évolution de leurs métiers et de renforcer leur coopération. Il contribue également au développement des bonnes pratiques professionnelles, en coordination avec la HAS (Haute Autorité de santé).
- **Le secret professionnel :** les professionnels de santé sont en contact avec des données qui touchent la vie privée des individus. Ils sont donc tenus de respecter les règles du secret professionnel qui leur interdit de divulguer ces informations.

MÉMO

62 Les médecins libéraux

UE 1.2

1 La profession de médecin

Le médecin est un professionnel de santé qui dispense aux individus les soins nécessaires au maintien et à la restauration de leur santé. Cette mission se réalise à travers la prévention, le diagnostic et le traitement des maladies et des handicaps, ainsi que le soulagement des souffrances. La pratique de la médecine est réglementée et soumise à l'obtention du diplôme d'État de docteur en médecine et à l'inscription au tableau de l'Ordre des Médecins.

➤ Les modes d'exercice

La médecine peut être pratiquée sous deux formes : en exercice libéral et en qualité de salarié. Ils peuvent ensuite choisir d'exercer en tant que généraliste ou spécialiste. De plus en plus souvent, les médecins s'organisent en cabinets de groupe.

➤ La réglementation

• Le conseil national de l'Ordre : il est chargé de veiller au maintien des principes de moralité et de dévouement indispensables à l'exercice de la médecine. Il veille également à l'observation, par tous ses membres, des devoirs professionnels, ainsi que des règles édictées par le Code de déontologie.

• La déontologie médicale : la profession médicale est soumise au respect des règles du Code de déontologie médicale qui précise les devoirs d'un médecin. L'exercice de la profession doit donc respecter certains principes fondamentaux, comme par exemple le respect du secret médical ou le respect de la dignité de la personne.

2 Le fonctionnement de la médecine libérale

Le système de la médecine libérale repose sur un certain nombre de principes :
– la liberté d'installation du médecin ;
– la liberté thérapeutique et de prescription du médecin ;
– le libre choix du médecin par le patient ;
– la rémunération à l'acte.

62 Santé publique et économie de la santé

UE 1.2

Les médecins libéraux

➤ La tarification

La rémunération des médecins libéraux repose sur le système du conventionnement médical. Les organismes d'Assurance maladie et les professionnels de santé signent des conventions nationales. Ces conventions contiennent une nomenclature (liste) des actes ainsi que leur taux de remboursement. Les médecins sont libres de fixer leurs honoraires. Ceux-ci varieront selon l'engagement ou non du médecin dans la convention :

● Les médecins « conventionnés » adhèrent à la convention et s'engagent à respecter le tarif fixé. En contrepartie, leurs cotisations sociales personnelles sont prises en charge en partie par l'Assurance maladie :

– les médecins conventionnés de secteur 1 appliquent le tarif « conventionnel » fixé par la convention ;

– les médecins conventionnés de secteur 2 pratiquent des honoraires libres. Ils sont autorisés à pratiquer des dépassements d'honoraires mais de manière raisonnable, avec « *tact et mesure* ». Le montant du dépassement n'est pas remboursé par l'Assurance maladie.

● Les médecins « non conventionnés » ont choisi de ne pas appliquer les tarifs de base et pratiquent d'importants dépassements d'honoraires.

❸ Le rôle du médecin traitant

Il s'agit du médecin choisi par chaque assuré de plus de 16 ans pour le soigner ou l'orienter vers le professionnel de santé le plus apte à le traiter dans le cadre du parcours de soins coordonné. Depuis 2004, le système du « *médecin traitant* » remplace le système du « *médecin référent* ».

➤ Les missions du médecin traitant

● Assurer les soins de premier recours.

● Orienter le patient dans le parcours de soins coordonné.

● Apporter aux patients toutes les informations nécessaires afin d'assurer une permanence d'accès aux soins aux horaires de fermeture du cabinet.

● Élaborer la synthèse des soins reçus par le patient et l'intégrer dans le DMP.

➤ Le dossier médical personnel (DMP)

Le principe d'un dossier médical personnalisé a été introduit en 2004. C'est un dossier informatisé qui doit être constitué pour toute personne bénéficiaire d'une couverture d'Assurance maladie. Tous les professionnels de santé intervenant auprès d'un patient, devront reporter dans ce dossier toutes les informations nécessaires à la bonne coordination des soins.

MÉMO

63 Les Comptes de la santé

UE 1.2

❶ Généralités

L'économie de la santé est une discipline récente qui étudie la santé en tant qu'objet économique. Dans le domaine de la santé, elle s'intéresse à la production de biens et services médicaux, à leur distribution, et à la formation de leurs prix. Elle vise l'équilibre entre la demande de santé (expression du besoin ressenti émanant des usagers) et l'offre de santé (quantité de biens et de services médicaux produite par les divers acteurs du système de santé et auxquels peut accéder la population). La demande de santé se traduit par la consommation de biens et services médicaux qualifiés.

❷ Principaux agrégats

La consommation en santé s'exprime à travers à la DCS, la CMT et la CSBM.
● La dépense courante de santé récapitule l'ensemble des dépenses engendrées, chaque année, pour la fonction santé engagées par les financeurs (Sécurité sociale, État et collectivités territoriales, organismes de protection sociale) et les ménages. C'est un concept large qui intègre à la fois :
– la consommation de biens et services médicaux et la consommation des services de médecine préventive, représentées sous le concept de consommation médicale totale ;
– l'ensemble des autres dépenses engagées par les financeurs.

63 Santé publique et économie de la santé   **UE 1.2**

Les Comptes de la santé

2011	Millions d'euros
1. Dépenses pour les malades	**210 898**
Dépenses de soins et biens médicaux	180 037
Soins de longue durée	17 892
Indemnités journalières	12 968
2. Dépenses de prévention	**5 775**
Prévention individuelle	3 417
Prévention collective	2 358
3. Dépenses en faveur du système de soins	**11 910**
Subventions au système de soins	2 577
Dépenses de recherche médicale et pharmaceutique	7 484
Dépenses de formation	1 849
4. Coût de la gestion de la santé	**15 641**
5. Double compte : recherche pharmaceutique	**- 3 928**
Dépense courante de santé	**240 296**

Dépenses courantes de santé (DCS)

Consommation médicale totale (CMT)

Source : DREES, Comptes de la santé – base 2005 www.irdes.fr

▶ **Comptes de la santé en 2011**

• La consommation médicale totale représente la valeur des biens et services médicaux acquis sur le territoire métropolitain plus les DOM (par des résidents ou des non-résidents) pour la satisfaction directe des besoins individuels.

• La consommation de soins et de biens médicaux correspond à l'ensemble des biens et services acheté par les ménages.

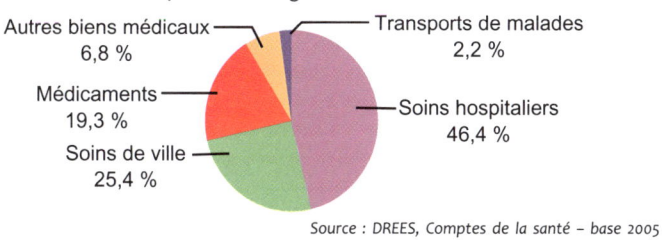

Autres biens médicaux
6,8 %

Médicaments
19,3 %

Soins de ville
25,4 %

Transports de malades
2,2 %

Soins hospitaliers
46,4 %

Source : DREES, Comptes de la santé – base 2005

▶ **Structure de la CSBM en 2011**

Les dépenses de santé et leur financement

UE 1.2

1 Les dépenses de santé : répartition et évolution

➤ Structure et évolution de la DCS

- Évaluée pour l'année 2011 à 240,3 milliards d'euros (3 687 € par habitant), soit 12 % du PIB.
- Avec une croissance fortement liée à celle de la CSBM, qui en représente près des .
- Avec une structure en évolution depuis 2000 marquée par une légère progression des « autres dépenses en faveur des malades ».

➤ Structure de la CMT

- Évaluée pour l'année 2011 à 183,4 milliards d'euros, soit 2 815 € par habitant consacrés pour sa santé, dont 52 € pour la prévention.
- Avec près de 1 282 € en soins d'hospitalisation (1er poste de dépenses), 701 € en soins de ville et 532 € en médicaments, par habitant.

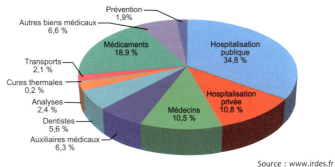

Source : www.irdes.fr

▶ Répartition de la CMT en 2011

64 Santé publique et économie de la santé   UE 1.2

Les dépenses de santé et leur financement

➤ Structure de la CSBM

- Évaluée en 2011 à 180 milliards d'euros, atteignant ainsi 2 762 € par habitant.
- Représentant ainsi 9 % du PIB (contre 9,1 % en 2010).
- Composée à 46,4 % de la consommation en soins hospitaliers, soit 83,6 milliards d'euros.

② Le financement des dépenses de santé

La CSBM est financée essentiellement par la Sécurité sociale, puis par les organismes complémentaires (mutuelles, sociétés d'assurance et institutions de prévoyance), les ménages et l'État.

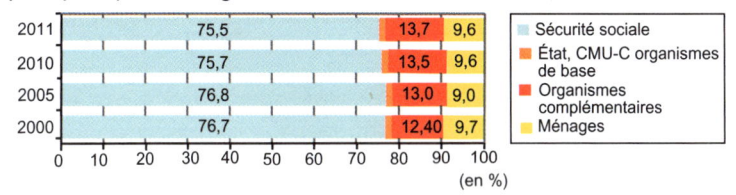

Source : DREES, Comptes de la santé

➤ **Évolution de la structure de la CSBM par financeur**

- Cette participation varie cependant selon le poste de dépenses de santé et en fonction de l'impact des mesures de maîtrise des dépenses de santé mises en place.
- C'est pour les soins hospitaliers que la participation de la Sécurité sociale est la plus importante, avec 90,4 % contre 62,9 % pour les soins de ville et 66 % pour les médicaments en 2011.
- Que ce soit pour les soins hospitaliers ou les soins de ville, la part du financement par les organismes complémentaires est en hausse entre 2000 et 2011. Le recours à une complémentaire santé pour les ménages est donc d'autant plus nécessaire.

MÉMO 65 Consommation de santé, croissance et maîtrise des dépenses de santé — UE 1.2

1 La consommation de santé et ses facteurs

A Principaux facteurs

Agissant sur l'offre	• Numerus clausus • Progrès techniques et médicaux et leur diffusion • Part du PIB consacrée à la santé • Demande induite par l'offre
Agissant sur la demande	• Structure par âge de la population • Niveau de couverture sociale • Niveau de revenus • Taille de la famille • Niveau d'éducation et d'information de la population

B Principaux facteurs de croissance des dépenses de santé

La C.S.B.M. en France a fortement augmenté entre 1990 et 2010, passant de 80 à 180 milliards d'euros, du fait de la croissance de l'offre de santé et de celle de la demande de santé.

➤ **Principaux facteurs de croissance**

- Le vieillissement de la population.
- Une exigence individuelle de santé plus grande.
- Une meilleure information et une confiance accrue en la médecine.
- La chronicisation de certaines pathologies prises en charge à 100 %.
- La généralisation de la couverture sociale.
- La généralisation de la couverture sociale à l'ensemble de la population.

2 La maîtrise des dépenses de santé

En France, la croissance des dépenses de santé est à l'origine d'un déficit croissant et chronique de l'Assurance maladie, ayant entraîné une maîtrise des dépenses de santé, et ce dans un souci d'efficience du système de santé.

➤ **Principales mesures**

- L'amélioration de la coordination des soins avec la déclaration du médecin traitant et le parcours de soins coordonné.

65 Santé publique et économie de la santé — UE 1.2

65 Consommation de santé, croissance et maîtrise des dépenses de santé

- Le développement des médicaments génériques.
- L'instauration des franchises médicales.
- Le développement des alternatives à l'hospitalisation (SSIAD, HAD).

➤ **Exemple du court séjour : une alternative à l'hospitalisation**

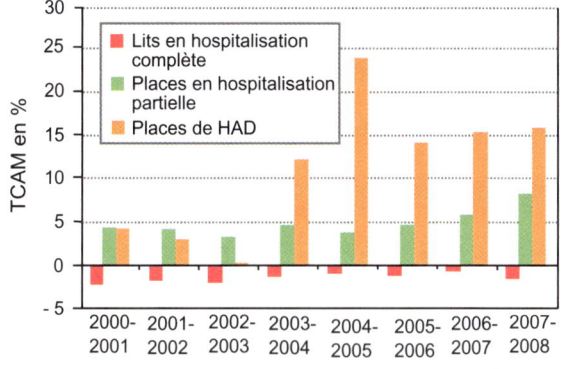

Source : www.irdes.fr

MÉMO 66 La santé

UE 2.3

1 Définition de la santé

La notion de santé est difficile à définir car c'est un concept subjectif et évolutif. L'Organisation mondiale de la santé a proposé une définition en 1946 : « *La santé est un état de complet bien-être physique, mental et social, et ne consiste pas seulement en une absence de maladie ou d'infirmité* ». En 1988, c'est la Communauté économique européenne qui a proposé sa définition de la santé. Cette nouvelle définition ajoute une dimension affective et dynamique de la santé : « *La santé, plus que l'absence d'infirmité et de maladie, est une qualité de la vie comportant une dimension sociale, mentale, morale et affective tout autant que physique. C'est un état instable qu'il faut acquérir, constamment défendre et reconstruire tout au long de sa vie* ».

2 Les caractéristiques de la santé

- La santé est subjective car chaque individu la ressent à sa manière.
- La santé est variable car elle peut changer dans le temps et dans l'espace.
- La santé est évolutive car la perception qu'en ont les individus a beaucoup évolué.
- La santé est relative car elle dépend de plusieurs facteurs appelés des déterminants de santé. Ces déterminants sont des éléments qui vont influencer de manière positive ou négative la santé de l'individu. Ces facteurs sont en rapport avec le comportement, l'environnement, la situation socio-économique de l'individu.

3 La santé, un équilibre instable

La santé semble correspondre à la satisfaction de plusieurs besoins fondamentaux : des besoins biologiques, des besoins psychologiques, des besoins émotionnels, des besoins sociaux, etc. Cet équilibre peut être perturbé par divers facteurs :
- des facteurs endogènes, qui sont liés aux caractéristiques de la personne ;
- des facteurs exogènes, qui sont en lien avec son environnement et son mode de vie.

66 Santé, maladie, handicap, accidents de la vie **UE 2.3**

MÉMO

UE 2.3

67 Le bien être

1 Définition

Le bien être peut être défini de plusieurs manières.
- Certains évoquent la notion d'équilibre entre le corps et l'esprit.
- D'autres feront référence à un état dans lequel l'individu obtient la satisfaction de tous ses besoins.

2 La notion de besoins

Un besoin peut se définir comme une absence ou un manque que l'on cherche à satisfaire. Abraham Maslow, psychologue américain, a classé les différents besoins des individus.

La visualisation des besoins qu'il propose se présente sous la forme d'une pyramide : les besoins les plus importants sont placés aux pieds de la pyramide, ce qui montre leur caractère indispensable.

Accomplissement
réalisation de soi

Estime de soi

Besoin d'appartenance

Besoin de sécurité

Besoins physiologiques

◀ La pyramide de Maslow

3 Les caractéristiques du bien être

- Le bien être est subjectif car chaque individu le ressent à sa manière.
- Il est variable car il peut changer dans le temps et dans l'espace.

MÉMO 67 SUITE Le bien être

UE 2.3

• Il est relatif car il dépend de plusieurs facteurs tels que le logement, l'emploi, l'accès à l'éducation et à la santé.

4 L'appréciation du bien être

De nombreux indicateurs permettent d'évaluer le niveau de bien être d'une population. Il est difficile à mesurer car plusieurs éléments doivent être pris en compte, comme par exemple l'accès à la santé, à l'éducation et au logement, le respect des libertés, la sécurité, la santé, etc.

• Les indicateurs sociaux permettent d'apprécier les relations sociales des individus et leur vie dans la société. Ils permettent également de mesurer la qualité de vie de l'individu.

• Les indicateurs économiques permettent d'évaluer la situation économique d'un individu ou d'une population. La situation économique a bien évidemment une influence sur le bien être.

• La situation professionnelle des individus est aussi un indicateur qui permet de mesurer le niveau de bien être. L'emploi est source d'épanouissement et, à l'inverse, le chômage peut conduire au mal être, voire à l'exclusion.

• L'ONU a créé en 1990 l'IDH (indice de développement humain). Cet indicateur permet d'évaluer le niveau du développement humain des pays dans le monde. C'est un indice qui donne un niveau statistique composé de plusieurs éléments. Il prend en compte plusieurs caractéristiques, comme par exemple : la santé, la longévité, le savoir ou le niveau d'éducation. Cet indicateur va traduire la satisfaction des besoins des individus dans un pays.

67 Santé, maladie, handicap, accidents de la vie **UE 2.3**

MÉMO

UE 2.3

68 La maladie

La maladie est une altération de la santé d'un individu, de ses fonctions physiques et/ou mentales. Il s'agit d'une perturbation physique ou psychique qui sera repérable par des signes appelés les symptômes.

1 La perception de la maladie

La perception de la maladie est variable car elle peut évoluer dans le temps et dans l'espace. De plus, la notion de maladie et la perception qu'en ont les individus ont beaucoup évolué. Notre niveau d'exigence, la qualité de la prise en charge et nos connaissances ont progressé. Les avancées de la science et de la médecine sont également à l'origine de cette évolution. La perception de la maladie dépend de plusieurs facteurs comme : l'environnement socioculturel de l'individu, sa personnalité, son histoire, ses connaissances de la maladie elle-même, du degré de gravité, etc.

2 Les manifestations de la maladie

► Les symptômes

La maladie se traduit par des symptômes physiologiques plus ou moins nombreux, et dont l'intensité varie selon la maladie et l'individu. Les symptômes peuvent être objectifs ou subjectifs.

► La gravité

Une maladie peut être bénigne, lorsqu'elle est guérissable facilement. Elle sera qualifiée de maligne lorsqu'elle se guérit difficilement, voire pas du tout.

► L'apparition et la durée

Une maladie peut être qualifiée de maladie aiguë lorsqu'elle est apparue de manière soudaine et dont l'évolution est précipitée. Au contraire, on parlera de maladie chronique lorsqu'il s'agit d'une maladie de longue durée, évolutive et souvent associée à une invalidité et à la menace de complications graves.

3 Les différents types de maladies

► Les maladies infectieuses

Plusieurs agents infectieux peuvent être à l'origine de ce type de maladie :
– lorsqu'elles sont liées à une bactérie, ce sont des maladies bactériennes ;

68 La maladie

SUITE

UE 2.3

– lorsqu'elles sont liées à un parasite, ce sont des parasitoses ;
– lorsqu'elles sont liées à un virus, ce sont des maladies virales ;
– lorsqu'elles sont liées à un champignon, ce sont des mycoses.

➤ **Les maladies congénitales**

Ces maladies correspondent aux maladies qui sont diagnostiquées dès la naissance et qui se sont développées in utéro.

➤ **Les maladies génétiques**

Ces maladies sont liées à une altération du code génétique de l'individu. Elles peuvent être monogéniques, lorsque l'altération porte sur un gène. Elles seront polygéniques lorsque plusieurs gènes sont touchés. Elles peuvent aussi être chromosomiques, lorsque les chromosomes de l'individu sont altérés.

➤ **Les maladies psychiques**

Les maladies psychiques correspondent à des troubles psychologiques, comportementaux ou à des troubles de la personnalité.

4 Les maladies à incidence sociale

Les maladies sont dites à incidence sociale lorsqu'elles ont des conséquences sur la santé de la personne atteinte mais également sur sa vie sociale. C'est le cas des pathologies comme le cancer, les maladies cardiovasculaires ou le SIDA.

➤ **Les conséquences épidémiologiques**

Ces maladies présentent une situation épidémiologique inquiétante. Ce qui signifie que les principaux indicateurs sanitaires sont alarmants : une mortalité importante et une morbidité élevée.

➤ **Les répercussions pour l'État**

Ces maladies entraînent également un coût important pour l'État qui va prendre en charge les conséquences de ces maladies : les remboursements de l'Assurance maladie, le versement des indemnités journalières en cas d'arrêt de travail, la mise en place de campagnes de prévention, les investissements en faveur de la recherche, etc. Face à ce type de pathologies, l'État met donc en place des mesures et des actions de santé publique pour lutter contre leur développement et leur aggravation. Dans le cadre de la politique de santé publique, ces maladies sont qualifiées de « priorités de santé publique ».

68 Santé, maladie, handicap, accidents de la vie   **UE 2.3**

MÉMO

69 Les conséquences de la maladie

UE 2.3

1 L'annonce de la maladie

Lorsqu'un individu vient de se voir annoncer un diagnostic pathologique, c'est son équilibre qui bascule. Sa réaction peut être très variable. Les facteurs qui influenceront cette réaction sont multiples, par exemple : la gravité de la maladie, l'âge de l'individu, sa personnalité, son vécu personnel, sa situation sociale ou sa culture. Chaque malade aura donc une réaction différente. Cela peut être : le refus, le déni ou le rejet de la maladie, la révolte, la contestation, le repli sur soi ou l'acceptation de sa maladie.

2 Les répercussions de la maladie

● Les répercussions psychologiques : la plupart du temps, une forte angoisse envahira le patient. Puis, son attitude pourra être dominée par une volonté combative ou par un renoncement. Chaque individu aura un comportement différent. Il est tout de même fréquent d'observer une forme d'isolement et d'abattement face à sa propre maladie.

● Les répercussions familiales : la maladie entraîne nécessairement une perturbation des liens familiaux. La cellule familiale peut être fortement déstabilisée ou au contraire, il est fréquent que les liens affectifs en soient renforcés. Les perturbations seront d'autant plus sensibles que la pathologie est grave et qu'elle occasionne d'importantes modifications du quotidien du malade et de sa famille.

3 Les représentations sociales de la maladie

La représentation sociale désigne la vision ou la perception de la société face à un phénomène. Les représentations sociales de la maladie correspondent au sentiment commun qui se dégage face aux personnes confrontées à une pathologie. Le regard que la société porte sur la maladie sera différent en fonction de la nature de la maladie. Certaines maladies suscitent une compassion jugée « légitime », tandis que d'autres maladies sont associées à un sentiment négatif, voire honteux. Cette mauvaise perception de certaines pathologies est souvent liée à l'image négative véhiculée et à un manque de connaissances sur cette maladie. La peur de la contagion ou la gêne influencent également cette représentation. Le malade sera donc plus ou moins bien accepté et accompagné dans cette épreuve. Un phénomène d'exclusion sociale ou de marginalisation peut même parfois être observé.

MÉMO

70 L'accident

UE 2.3

L'accident correspond à un événement soudain et inattendu qui entraîne des dommages sur la vie de l'individu.

1 Les accidents de la vie courante

➤ Définition

Les AcVC constituent un type d'accident très fréquent. Pour la Direction générale de la santé, les accidents de la vie courante « *sont des traumatismes non intentionnels qui se répartissent usuellement selon le lieu ou l'activité* ». Les accidents de la vie courante sont très nombreux et constituent un problème majeur de santé publique.

➤ Les différents types

On peut classer les accidents de la vie courante en plusieurs catégories :
– les accidents domestiques ;
– les accidents scolaires ;
– les accidents de sport ;
– les accidents de loisirs ;
– tous les accidents survenant à l'extérieur.

➤ Les caractéristiques

• Les accidents de la vie courante touchent tous les milieux sociaux sans exception. Ils touchent toutes les tranches d'âges, bien qu'il apparaisse que certaines tranches d'âge soient plus souvent touchées : les enfants de moins de 15 ans et les personnes âgées de plus de 65 ans. Chaque année, de nombreuses personnes décèdent suite à un accident de la vie courante.
• Les principales causes de décès sont : les chutes, les suffocations, les noyades, les intoxications et les accidents causés par le feu.
• Les accidents de la vie courante sont à l'origine de nombreuses séquelles plus ou moins graves.

2 Les autres accidents

La catégorie des AcVC n'englobe pas les accidents de travail, les accidents de la circulation, les accidents causés par des éléments naturels, les suicides et les agressions.

70 Santé, maladie, handicap, accidents de la vie   **UE 2.3**

MÉMO

UE 2.3

71 La qualité de vie

1 Une notion difficile à définir

▶ Les premières analyses

Les premières approches sur la qualité de vie ont commencé à se développer dans les années 1970. Ces analyses portaient sur l'influence des états physiques, émotionnels et sociaux sur la vie quotidienne des individus. Pour de nombreux analystes, la qualité de vie était un concept centré essentiellement autour de trois états :
– l'état physique, qui correspond à l'autonomie et aux capacités physiques ;
– l'état psychologique, qui correspond aux émotions ressenties ;
– la situation sociale, qui correspond aux relations sociales, professionnelles, familiales et amicales.

▶ La définition de l'OMS

En 1994, l'Organisation mondiale de la santé a défini la qualité de vie comme « *la façon dont les individus perçoivent leur position dans la vie, dans le contexte de la culture et du système de valeurs dans lesquels ils vivent et en relation avec leurs buts, attentes, normes et préoccupations. Il s'agit d'un concept large qui incorpore de façon complexe la santé physique de la personne, son état psychologique, son degré d'indépendance, ses relations sociales, ses croyances personnelles et sa relation avec des éléments importants de son environnement* ».

2 Les caractéristiques de la qualité de vie

▶ Une notion subjective

La notion de qualité de vie est un concept plus large que les notions de santé et de bien être. C'est un concept subjectif propre à chaque individu.

▶ Une notion multifactorielle

La qualité de vie est une notion multidimensionnelle car elle tient compte de nombreux facteurs. Les différentes dimensions de la qualité de vie sont : l'état physique de la personne, son état psychologique, sa situation sociale, son niveau d'indépendance, l'importance de ses relations sociales, son environnement, le domaine spirituel et ses croyances.

MÉMO

72 L'évaluation de la qualité de vie

UE 2.3

1 Une notion qui repose sur la perception

La qualité de vie ne repose sur aucune norme préétablie, ni aucune référence. Sa mesure reposera donc essentiellement sur l'expression du ressenti des personnes. Il s'agira d'une évaluation qualitative.

2 La nécessité d'évaluer la qualité de vie

L'évaluation de la qualité de vie occupe une place centrale dans le domaine de la santé et du bien être social. Aujourd'hui, l'amélioration de la qualité de vie des patients est devenue une préoccupation importante du système de santé. C'est même devenu une priorité. Les malades sont pris en charge de façon globale pendant leur suivi. L'évaluation de la qualité de vie ne peut pas être réduite à celle de la santé. En effet, la santé ne suffit pas à expliquer les différences de niveaux de qualité de vie. Une personne pourra donc juger que sa qualité de vie est satisfaisante, alors même qu'elle est malade.

3 Les méthodes d'évaluation

➤ Les outils

Les méthodes et outils de mesure de la qualité de vie sont nombreux. Ils sont utilisés dans de nombreux domaines. Pour évaluer la qualité de vie en santé, l'entretien et le questionnaire sont des outils de recueil de données régulièrement utilisés.

➤ Les indicateurs

Afin de mesurer la qualité de vie, il est possible d'utiliser des données chiffrées. Ce sont des indicateurs. Les indicateurs qu'il est possible d'utiliser peuvent être de nature différente.

• Les indicateurs de qualité de vie dits « objectifs » : ce sont des indicateurs qui renseignent sur des faits précis et mesurables.

• Les indicateurs de qualité de vie dits « subjectifs » : ils correspondent plus au « ressenti » des personnes, ils mesurent un sentiment personnel.

72 Santé, maladie, handicap, accidents de la vie   UE 2.3

UE 2.3

MÉMO 73 Le handicap

❶ La notion de handicap

La notion de handicap n'est pas évidente à définir car elle recouvre des réalités extrêmement variées. De plus, la terminologie employée a connu une importante évolution. Plusieurs termes peuvent être associés au concept de handicap : l'infirmité, la déficience, l'invalidité ou encore la dépendance.
Aujourd'hui, deux perceptions se dégagent :
– une perception centrée sur l'altération dont souffre la personne ;
– une perception centrée sur les difficultés rencontrées par la personne.

❷ La définition de l'OMS

L'OMS a proposé de définir le handicap de la manière suivante : « Est appelé handicapé celui dont l'intégrité physique ou mentale est définitivement diminuée, soit congénitalement, soit sous l'effet de l'âge, d'une maladie ou d'un accident, en sorte que son autonomie, son aptitude à fréquenter l'école ou à occuper un emploi s'en trouve compromise ».

❸ La définition de la loi du 11 février 2005

La loi de 2005 pour l'égalité des droits et des chances, la participation et la citoyenneté des personnes handicapées, introduit pour la première fois une définition du handicap dans le Code de l'action sociale et des familles. L'article 2 de la loi énonce que « constitue un handicap, toute limitation d'activité ou restriction de participation à la vie en société subie dans son environnement par une personne en raison d'une altération substantielle, durable ou définitive d'une ou plusieurs fonctions physiques, sensorielles, mentales, cognitives ou psychiques, d'un polyhandicap ou d'un trouble de la santé invalidant » (article L. 114 du Code de l'action sociale et des familles).
Cette définition est inspirée de la classification internationale du handicap proposée par l'OMS. Le handicap est donc l'interaction entre les incapacités de la personne et son inadaptation avec son environnement.

MÉMO

74 Les causes des handicaps

UE 2.3

1 Généralités

La notion de handicap étant très large et elle recouvre de multiples situations. Les facteurs qui se trouvent à l'origine d'un handicap peuvent donc être très nombreux.

Cela peut être :
– un facteur biologique ;
– un facteur héréditaire ;
– un handicap congénital ;
– un handicap périnatal ;
– la conséquence d'un accident ;
– la conséquence d'un risque professionnel ;
– la conséquence d'une pathologique ;
– la conséquence du vieillissement.

2 Les deux catégories de handicaps

Parmi les nombreux facteurs pouvant engendrer un handicap, une distinction peut se faire en fonction du moment de l'apparition du handicap. Deux situations se dégagent donc :

➤ Les handicaps congénitaux

Il s'agit des handicaps qui sont existent chez l'individu dès sa naissance.

➤ Les handicaps acquis

Il s'agit des handicaps qui surviennent au cours de la vie, par exemple suite à un accident, une maladie ou liés au vieillissement de la personne.

MÉMO

UE 2.3

75 La classification des handicaps

1 La première classification des handicaps : la CIH

▶ Présentation

En 1980, l'Organisation mondiale de la santé a proposé une première classification internationale des handicaps. La CIH (CIH-1) est également appelée « modèle de Wood », ou « modèle tridimensionnel ».

Cette classification repose sur trois notions :
– la déficience ;
– l'incapacité ;
– le désavantage.

▶ Les composantes de la CIH

• La déficience

La notion de déficience concerne un organe ou une fonction. Il s'agit d'une défaillance ou d'un dysfonctionnement d'une partie du corps. Elle peut résulter d'une maladie, d'un accident ou d'un traumatisme.

• L'incapacité

La notion d'incapacité correspond à une réduction, partielle ou totale, de la capacité d'accomplir une activité. Cette incapacité s'évalue par rapport à une « normalité ». L'incapacité désigne donc la limitation dans l'accomplissement d'une activité considérée comme normale pour un être humain. Il s'agit de la difficulté ou l'impossibilité de réaliser les actes élémentaires de la vie quotidienne : se déplacer, communiquer ou manipuler des objets.

• Le désavantage

On parle souvent de « désavantage social ». Le désavantage désigne une limite dans l'accomplissement d'un rôle « normal ». Ce rôle s'apprécie en rapport avec l'âge, le sexe ou la situation sociale et culturelle de l'individu. La notion de désavantage correspond à la difficulté ou à l'impossibilité de remplir les rôles sociaux que la société attribue traditionnellement à l'individu. Le désavantage se traduit dans la vie familiale, professionnelle, sociale et personnelle de la personne.

75 La classification des handicaps

UE 2.3

MÉMO SUITE

2 La nouvelle classification des handicaps : la CIF

➤ Une nouvelle approche du handicap

La CIF est la classification internationale du fonctionnement, du handicap et de la santé. Cette nouvelle classification fut adoptée par l'OMS en 2001. Un nouveau terme apparaît. La notion de « fonctionnement » fait référence aux difficultés pour participer à la vie sociale.

La CIF module donc la dimension pathologique et biologique avec la dimension sociale et personnelle du handicap. Cette analyse traduit une synthèse des différentes dimensions qui peuvent caractériser une situation de handicap.

La CIH s'inscrit dans l'esprit de la définition de la santé que l'OMS a proposée. En effet, la logique de prise en compte des aspects physiques, mentaux et sociaux pour définir la santé, se retrouve dans la CIH qui approche le handicap de manière globale.

➤ Les composantes de la CIF

Une situation de handicap sera étudiée en fonction de certains critères :
– les structures anatomiques ;
– les fonctions organiques ;
– les déficiences ;
– les activités et les limitations d'activités ;
– les restrictions de participation ;
– les facteurs environnementaux ;
– les facteurs personnels.

75 Santé, maladie, handicap, accidents de la vie **UE 2.3**

76 Les handicaps mentaux

UE 2.3

1 Les différents types de handicaps

Le handicap est une notion très large, ce qui explique la diversité des personnes considérées comme étant en situation de handicap. Il existe plusieurs formes, ou plusieurs types de handicap. Le classement traditionnellement repose sur la forme de la déficience.

On distingue les handicaps physiques et les handicaps mentaux.

2 Les handicaps mentaux

Les handicaps mentaux sont nombreux et ils recouvrent des situations très différentes.

▶ Les handicaps intellectuels

Les déficiences intellectuelles sont souvent très caractérisées par le faible niveau du quotient intellectuel. Font également partie de cette catégorie de déficiences tous les troubles en lien avec des fonctions cognitives :
- déficience du langage ;
- difficultés d'apprentissage ;
- dyslexie ;
- etc.

▶ Les handicaps psychiques

Les handicaps psychiques entraînent des conséquences sur la communication, sur la vie émotionnelle et sur le comportement de l'individu qui en souffre. On distingue deux catégories de troubles.

● **Les psychoses**

Les psychoses sont caractérisées par l'absence de contact avec la réalité. L'individu n'a pas conscience des ses troubles de la personnalité.

● **Les névroses**

Les névroses recouvrent également des troubles de la personnalité mais l'individu est conscient des variations de son humeur et de ses émotions. Cela peut être par exemple :
- les phobies ;
- les troubles obsessionnels compulsifs ;
- l'anxiété.

MÉMO

77 Les handicaps physiques

UE 2.3

1 Les handicaps moteurs

Un handicap moteur est caractérisé par une limitation des capacités de mouvement du corps, de déplacement ou d'action.

2 Les handicaps sensoriels et relationnels

Ce type de handicap concerne les organes des sens. Les altérations peuvent être légères, partielles ou totales. Il existe plusieurs types de handicaps sensoriels.

➤ Les déficiences auditives

Les handicaps auditifs entraînent une altération partielle ou totale de l'ouïe. Ce type de handicap se retrouve chez les personnes sourdes ou malentendantes.

➤ Les déficiences visuelles

Les handicaps visuels entraînent une altération de la vue et concernent les personnes non voyantes et malvoyantes.

➤ Les déficiences liées à la parole

Ce type de déficience regroupe la perte de l'usage de la parole et les différents troubles de la parole. Les difficultés de communication peuvent être liées à de très nombreuses pathologies.

3 Les déficiences viscérales et générales

Les conséquences des déficiences viscérales et générales sont considérées comme un handicap car elles entraînent des situations d'incapacité pour le patient.
Par exemple : les conséquences d'un cancer ou d'une insuffisance cardiaque ou respiratoire.

4 Les handicaps esthétiques

Les handicaps esthétiques sont caractérisés par une altération apparente du corps. Une malformation visible ou une cicatrice disgracieuse peuvent constituer des handicaps de ce type.

77 Santé, maladie, handicap, accidents de la vie   **UE 2.3**

MÉMO

UE 2.3

78 Les handicaps associés

1 Présentation

Il s'agit de la situation dans laquelle plusieurs handicaps se cumulent. Plusieurs combinaisons de handicaps peuvent donc exister.

- Cette situation engendre des besoins spécifiques pour l'individu.
- Elle nécessite une prise en charge particulière, cette prise en charge devra souvent être pluridisciplinaire.

2 Définition

Le décret du 27 octobre 1989 donne une définition pour ce type de situations. Ce décret concerne les enfants, mais la définition peut tout de même servir de référence. Selon le décret, il s'agit des « enfants ou adolescents présentant un handicap grave à expression multiple associant une déficience motrice et une déficience mentale sévère ou profonde et entraînant une restriction extrême de l'autonomie et des possibilités de perception, d'expression et de relation » (article D. 312-83 du Code de l'action sociale et des familles).

La loi du 11 février 2005 retient également le terme de « polyhandicap » et l'inclut dans sa définition des différentes situations de handicap.

3 Les différents types

▶ Le polyhandicap

Le polyhandicap se caractérise par des déficiences motrices et intellectuelles sévères, associées parfois à d'autres déficiences, entraînant une importante restriction de l'autonomie de la personne.

▶ Le plurihandicap

Le plurihandicap est également appelé le « multihandicap ». Il correspond à l'association de plusieurs déficiences présentant la même gravité.

▶ Le surhandicap

La situation de surhandicap correspond à l'aggravation d'une forme de déficience déjà présente.

79 Les conséquences du handicap

MÉMO

UE 2.3

① L'annonce du handicap

L'annonce ou la découverte d'un handicap est un moment qui déstabilise très fortement. Ce moment est très souvent vécu comme une sérieuse déconvenue pour l'individu. Plusieurs sentiments sont observés : état de choc, incompréhension, sentiment d'injustice, refus d'accepter, honte et résignation.

② La représentation sociale du handicap

Aujourd'hui encore, les personnes handicapées souffrent malheureusement d'une certaine forme de stigmatisation. L'image du handicap est trop souvent négative car le handicap fait peur. La référence aux « normes » et à la « normalité » pèse sur la perception et sur le comportement de la société face à la population des personnes handicapées.

③ Les répercussions du handicap

• Les conséquences personnelles : l'individu en situation de handicap devra apprivoiser son corps ainsi que les incapacités qu'il présente. Le handicap peut donc altérer l'image de soi et la confiance en soi. La personne en situation de handicap devra accepter sa différence et cette acceptation peut s'avérer parfois difficile. L'individu pourra en effet rencontrer des difficultés pour construire son identité et pour échanger avec les autres membres de la société.

• Les conséquences familiales : les réactions de la cellule familiale varieront selon la nature et la gravité du handicap. Le moment de l'apparition du handicap influence également cette réaction : le handicap découvert à la naissance d'un enfant et le handicap survenu suite à un grave accident, sont deux situations distinctes, suscitant des émotions différentes.

• Les conséquences sociales : les personnes souffrant de handicap rencontrent de très nombreuses difficultés au quotidien. Elles sont malheureusement fréquemment rejetées et on constate qu'elles souffrent très souvent de discriminations et d'exclusion sociale.

• Les conséquences professionnelles : lorsque le handicap limite l'activité professionnelle, la personne se verra confrontée à des difficultés d'insertion professionnelle.

79 Santé, maladie, handicap, accidents de la vie   **UE 2.3**

MÉMO

UE 2.3

80 La réglementation en faveur des personnes handicapées

1 Le cadre juridique

La prise en charge des personnes handicapées a été introduite pour la première fois par la loi du 30 juin 1975. Cette loi a posé les fondements des droits des personnes handicapées. Elle a affirmé le principe d'une obligation nationale envers les personnes souffrant de handicap. Puis, la loi du 11 février 2005 pour l'égalité des droits et des chances, la participation et la citoyenneté des personnes handicapées est venue moderniser les dispositifs existants. Cette loi introduit plusieurs nouveautés fondamentales :

– le droit à compensation du handicap ;
– une nouvelle définition du handicap ;
– l'amélioration de l'accessibilité des personnes handicapées ;
– le principe de l'égalité et la création de la CNSA ;
– la création de la MDPH.

2 Les mesures favorisant l'accessibilité

- **L'accès à la scolarisation :** la loi de 2005 réaffirme le principe selon lequel un enfant porteur d'un handicap a le droit de suivre une scolarité dans l'école la plus proche de son domicile. La loi énonce la responsabilité de l'Éducation nationale vis-à-vis des enfants concernés. En fonction de ses besoins, une évaluation pourra mettre en évidence la nécessité de diriger l'enfant vers un établissement spécialisé. Un projet personnalisé de scolarisation sera élaboré en associant les parents.

- **L'accès à l'emploi :** ce principe est déjà garanti par l'obligation légale, selon laquelle 6 % du personnel des entreprises de plus de 20 salariés doivent être des travailleurs handicapés. Le principe de non discrimination est réaffirmé par la loi de 2005 et de nombreuses dispositions facilitent l'insertion professionnelle des personnes handicapées.

- **L'accessibilité aux lieux :** le principe d'accessibilité pour les actes de la vie quotidienne était déjà affirmé. La loi de 2005 renforce cette obligation et la généralise : logements, bâtiments accueillant du public, transports en commun…

- **Le droit à l'accessibilité au sens large :** c'est l'accessibilité à l'ensemble des composantes de la vie quotidienne qui tend à être garantie. Cela concerne par exemple les loisirs, la culture, les médias ou la citoyenneté, avec notamment l'accessibilité aux bureaux de vote ou aux différentes juridictions.

MÉMO 81 La protection des personnes handicapées

UE 2.3

1 Les MDPH

La loi de 2005 a créé les maisons départementales des personnes handicapées. Il s'agit d'un lieu unique permettant de faciliter l'ensemble des démarches des personnes handicapées. Cette structure offre aux personnes handicapées et à leur famille un accès unifié à l'ensemble des droits et des prestations. Une équipe pluridisciplinaire, composées de personnes spécialisées, exerce une mission d'accueil, d'information, d'accompagnement et de conseil pour les personnes handicapées.

2 La CNSA

La loi de 2005 a créé la Caisse nationale de solidarité pour l'autonomie. C'est elle qui finance les aides versées aux personnes handicapées ainsi qu'aux personnes âgées. Elle a pour mission de garantir l'égalité de traitement des personnes handicapées sur l'ensemble du territoire. C'est également elle qui suit et qui évalue la qualité du service rendu aux bénéficiaires en fonction de leurs choix de vie.

3 La CDAPH

Au sein de chaque MDPH, une commission des droits et de l'autonomie des personnes handicapées est constituée. Elle a pour fonction de prendre les décisions relatives à l'ensemble des droits de la personne handicapée. Les décisions seront prises sur la base de l'évaluation menée par l'équipe pluridisciplinaire. La personne handicapée sera toujours placée au centre du dispositif. Les réponses proposées à la personne seront individualisées et fondées sur ses besoins et ses choix de vie.

Parmi les attributions de la CDAPH, il y a par exemple :
– l'appréciation du taux d'incapacité de la personne handicapée ;
– l'attribution de la prestation de compensation ;
– la reconnaissance de la qualité de travailleur handicapé ;
– la proposition de mesures relatives à l'insertion scolaire ;
– la proposition de mesures relatives à l'insertion professionnelle.

81 Santé, maladie, handicap, accidents de la vie   UE 2.3

MÉMO

UE 2.3

82 La prise en charge sociale du handicap

1) La compensation des conséquences du handicap

A Le droit à compensation

La loi introduit et met en œuvre un nouveau droit : « *le droit à compensation des conséquences du handicap, quels que soient l'origine et la nature de la déficience, l'âge ou le mode de vie de la personne* ».

Ce droit à compensation implique que la personne handicapée puisse bénéficier d'aides de toute nature.

B La prestation de compensation du handicap

La prestation de compensation du handicap (PCH) remplace l'allocation compensatrice pour tierce personne (ACTP).

Elle comporte 5 formes d'aides.

► Les aides humaines

Ces aides permettent d'aider la personne handicapée dans les actes de la vie quotidienne. Les aides permettront l'embauche d'une personne. Cela pourra être un aidant, une auxiliaire de vie ou une tierce personne.

► Les aides techniques

Elles permettent d'aider la personne à acquérir, par exemple, un fauteuil roulant, des prothèses auditives ou un lève-personne.

► Les aides liées au logement ou au véhicule

Ces aides sont destinées à l'aménagement du logement, comme par exemple l'adaptation de la salle de bain, des travaux pour élargir les portes ou la mise en place d'une rampe d'accès. Elles correspondent également à l'aménagement du véhicule ainsi qu'aux surcoûts liés au transport.

► Les aides liées à des besoins plus exceptionnels ou spécifiques

Certaines personnes handicapées sont confrontées à des besoins plus spécifiques qui entraînent des dépenses importantes. Ces aides leur permettront, par exemple, de faire face aux frais liés à l'adhésion à un service de téléassistance, ou encore l'achat de protections contre l'incontinence.

82 La prise en charge sociale du handicap
SUITE

UE 2.3

➤ **Les aides animalières**

Ces aides sont utiles, par exemple, pour assurer l'entretien d'un chien d'assistance ou d'un chien guide pour les non voyants.

C Le plan personnalisé de compensation

Les besoins de la personne handicapée seront étudiés. Après évaluation de son handicap et de son projet de vie, l'équipe pluridisciplinaire élabore un plan personnalisé de compensation (PPC). Ce document décrira les besoins de la personne ainsi que les réponses en termes de compensation. Ce plan sera proposé à la personne afin de lui permettre d'atteindre la plus grande autonomie possible.

❷ Les autres prestations existantes

Indépendamment du droit à compensation, la loi de 2005 réaffirme le droit pour les personnes handicapées de disposer de ressources suffisantes pour satisfaire leurs besoins fondamentaux.

Les personnes souffrant d'un handicap peuvent donc bénéficier d'autres prestations. Certaines concernent exclusivement les personnes handicapées, d'autres ne sont pas spécifiques au handicap mais peuvent être obtenues.

Il existe par exemple :
– l'AAH (allocation adulte handicapé) ;
– l'AEEH (allocation d'éducation de l'enfant handicapé) ;
– l'APA (allocation personnalisée d'autonomie).

82 Santé, maladie, handicap, accidents de la vie **UE 2.3**

MÉMO

UE 2.3

83 Les moyens et les aides pour le handicap

1 Définitions

► La rééducation

La rééducation correspond aux actions visant à réduire les déficiences et les limitations d'activité d'une personne.

► La réadaptation

La réadaptation correspond à l'ensemble des moyens permettant au patient de s'adapter à ses limitations d'activité. La réadaptation aide la personne handicapée à tendre vers l'autonomie.

► La réinsertion

La réinsertion englobe l'ensemble des actions qui permettent à l'individu de surmonter ses restrictions de participation à la vie sociale. La réinsertion fait donc appel au domaine médico-social et aux politiques sociales. La réinsertion aide la personne pour son retour dans la société.

► La réhabilitation

La notion de réhabilitation désigne le fait de rétablir une situation. Dans le cadre du handicap, la réhabilitation correspond à un ensemble d'actions visant à permettre aux personnes handicapées de recouvrer leurs compétences et d'améliorer leur qualité de vie. La réhabilitation comprend des actions de soins, mais également des actions d'accompagnement des personnes.

2 Les appareillages et aides techniques

► Les aides face aux handicaps moteurs

Le fauteuil roulant est le moyen le plus souvent utilisé. Il existe deux types de fauteuils roulants : le fauteuil mécanique et le fauteuil électrique.

► Les aides face aux handicaps sensoriels

De nombreux moyens et matériels existent dans le cadre des déficiences sensorielles. Par exemple, pour les déficiences auditives, on peut citer le langage des signes, la démutisation, la synthèse vocale ou les prothèses. Pour les déficiences visuelles il existe notamment l'alphabet braille.

84 La maladie chronique

UE 2.3

1 Définition

➤ La notion de chronicité

La notion de chronicité renvoie à la notion de durée. Les maladies chroniques sont des problèmes de santé qui persistent dans la durée et qui nécessitent une longue prise en charge. Ces maladies sont des affections qui s'installent dans la durée et qui, en règle générale, évoluent lentement. La notion de chronicité n'est pas nécessairement liée à la gravité de la pathologie. C'est la notion de durée qui rend ce type de maladies difficiles.

➤ La définition de l'OMS

Selon l'Organisation mondiale de la santé, « *une maladie chronique est un problème de santé qui nécessite une prise en charge pendant plusieurs années* ».

➤ Une large catégorie

Les maladies chroniques constituent un très vaste ensemble de troubles. Elles englobent :
– des maladies non transmissibles ;
– certains troubles mentaux persistants;
– des handicaps physiques permanents ;
– des atteintes anatomiques ou fonctionnelles.

➤ La distinction avec les maladies aiguës

Les maladies chroniques s'opposent aux pathologies aiguës. Une maladie aiguë se caractérise par une altération de la santé, traduite par des symptômes plus ou moins violents. On les oppose aux maladies chroniques car ce sont des pathologies dont les manifestations se terminent après une période assez brève.

2 Les caractéristiques des maladies chroniques

Bien qu'il soit complexe de déterminer des caractéristiques uniques pour décrire la catégorie des maladies chroniques, il est tout de même possible de dégager certains éléments communs.

➤ Une ancienneté de plusieurs mois

Le critère d'ancienneté retenu se situe entre trois mois et un an.

84 Santé, maladie, handicap, accidents de la vie   **UE 2.3**

78 La maladie chronique

MÉMO SUITE

▶ Une origine variée

Une maladie chronique trouvera son origine dans :
– une altération organique ;
– ou une déficience psychologique ou cognitive.

▶ Une évolution par phases

Les maladies chroniques sont très souvent caractérisées par un enchaînement de plusieurs phases. On parle de « trajectoire ». Les différentes phases du modèle de la trajectoire sont :
– la phase pré-trajectoire, avant le commencement de la maladie ;
– l'apparition des premiers symptômes ;
– l'annonce du diagnostic ;
– la situation inquiétante où l'état du patient est alarmant (la « crise ») ;
– la phase aiguë, qui correspond souvent à l'hospitalisation,
– la phase de rémission, où le patient voit son état s'améliorer ;
– la phase de détérioration ;
– le décès du patient.

Cette chronologie n'est pas figée, chaque patient connaîtra sa propre trajectoire.

▶ De lourdes répercussions sur la vie du malade

Une maladie chronique présente certes d'importantes conséquences physiologiques, mais elle se caractérise également par une importante perturbation du quotidien du patient.

❸ Les principales maladies chroniques

Les maladies chroniques sont très nombreuses. Il est possible de citer par exemple :
– l'asthme ;
– le diabète ;
– l'hypertension ;
– le cancer ;
– l'insuffisance rénale ;
– le sida ;
– la sclérose en plaques ;
– l'accident vasculaire cérébral.

MÉMO
85 Les conséquences des maladies chroniques

UE 2.3

1 Les données épidémiologiques

➤ Évolution

Avec l'augmentation de l'espérance de vie, les maladies chroniques ont connu une importante progression. Lorsque l'on observe l'évolution des affections de longue durée, on constate qu'elles ont connu une augmentation de plus de la moitié en 10 ans. Cette progression est constante.

➤ Morbidité

Ces maladies présentent une forte morbidité. Leur prévalence s'élève à 20 % de la population et on estime que 1/3 de la population adulte serait touchée par une maladie chronique.

➤ Mortalité

La mortalité liée aux maladies chroniques est également très inquiétante. On observe qu'elles sont responsables d'une part importante des décès. Certaines maladies chroniques, comme les cardiopathies, les accidents vasculaires cérébraux, les cancers ou le diabète, sont placées parmi les premières causes de mortalité dans le monde.

2 Les besoins des malades

Les besoins des personnes atteintes d'une maladie chronique sont spécifiques. Leur particularité repose sur la nécessaire pluridisciplinarité des réponses.
Des soins médicaux sont évidemment nécessaires, mais ils doivent être complétés par un accompagnement plus large du patient.
Cet accompagnement comprend :
– des soins paramédicaux ;
– un suivi psychologique ;
– des actions de rééducation et de réadaptation.

85 Santé, maladie, handicap, accidents de la vie **UE 2.3**

85 Les conséquences des maladies chroniques

③ La prise en charge des maladies chroniques

➤ La lutte contre les maladies chroniques

Les maladies chroniques sont une priorité de santé publique. La France a choisi de positionner la lutte contre ces maladies dans un Plan stratégique national. Le plan national de lutte contre les maladies chroniques fait partie des cinq plans nationaux inscrits dans la loi du 9 août 2004.

➤ Les ALD

• Les pathologies concernées : les maladies chroniques sont associées à ce que l'on appelle les ALD (affections de longue durée). Le Code de la sécurité sociale énumère la liste des 30 pathologies reconnues comme ALD (ALD-30). Parmis ces pathologies, on peut citer par exemple :
– la paraplégie ;
– la maladie de Parkinson ;
– la maladie d'Alzheimer ;
– la mucoviscidose ;
– les maladies chroniques du foie.

D'autres pathologies dites « hors liste » pourront bénéficier du même régime, dès lors qu'il s'agit de maladies graves de forme évolutive ou invalidante et qui comportent un traitement long et coûteux.

• La prise en charge des ALD : l'ensemble des soins liés aux ALD sont pris en charge à 100 % par l'Assurance maladie. Ce qui signifie que le patient est exonéré du ticket modérateur. Le ticket modérateur correspond à la partie des frais médicaux qui ne sont pas remboursés par l'Assurance maladie. Il sera également exonéré du forfait hospitalier. Il s'agit des frais liés à l'hébergement en établissement de santé. Enfin, le patient bénéficiera du tiers payant. Le système du tiers payant dispense le malade de faire l'avance des frais. Il pourra donc être hospitalisé, bénéficier de consultations et se voir délivrer une prescription, sans que cela ait de conséquences sur sa situation financière.

86 Psychopathologie et psychiatrie

MÉMO

UE 2.6

1 Définitions

• La psychopathologie concerne la connaissance, l'approche et les traitements des désordres du psychisme (le mental) et de la psychologie (la personnalité) : son objet déborde le strict domaine somatique.

• La psychiatrie, discipline médicale ayant pour objet de soigner les maladies mentales, ne peut pas réduire ses interventions au seul corps biologique du patient : elle saisit les symptômes par rapport à l'ensemble de l'être-au-monde de la personne souffrante. Afin d'adapter au mieux les soins au malade mental et aux troubles du comportement, la psychiatrie cherche à :

– rétablir une communication défaillante, renouer le dialogue rompu ;
– retrouver des éléments de sens partageable ;
– restituer le goût altéré de l'existence ;
– restaurer la confiance (en soi, en autrui, en l'existence).

Les soins en psychiatrie intègrent cet ensemble de dimensions non somatiques perturbées, en une démarche globale de compréhension et d'intervention.

2 Les atteintes en psychopathologie

Elles portent sur trois domaines fondamentaux de la personnalité.
Au-delà du corps, les désordres portent sur des dysfonctionnements :

– du psychisme (troubles de la cognition) : c'est tout le matériau mental qui est touché (mauvais réglages symboliques, dérapages de significations, interprétations du sens), les mécanismes de la pensée en sont perturbés (raisonnement, délire) ;
– de l'identité psychologique, avec troubles de construction de la personnalité et des relations au soi, mésestime de soi, manque de confiance en soi, perte d'autonomie ;
– des interactions sociales, avec troubles des relations et des communications, faible insertion sociale, absence de liens par isolement ou, au contraire, aliénation par mise en dépendance. Les pathologies sont celles du comportement (bizarrerie, conduites anormales ou asociales, dangerosité pour soi ou pour autrui, actes insensés).

86 Processus psychopathologiques

UE 2.6

MÉMO 87 Démarche holistique

UE 2.6

1 Santé mentale *versus* maladie mentale

● La santé mentale correspond à un subtil équilibre entre corps, esprit, connaissance et comportement. À tout instant, ce processus normalement autorégulé conditionne l'adaptation originale d'un être humain au monde réel.

● La maladie mentale résulte du dysfonctionnement des mécanismes psychiques, et/ou de ceux de l'identité psychologique, et/ou de ceux des interactions sociales. C'est l'ensemble de l'expérience d'exister qui est bouleversé, car l'amoindrissement de chaque dimension humaine diminue les facultés, trouble la relation au monde, empêche la normalité : les désordres ont un « effet domino » cumulatif, invalidant gravement « l'être-là » de la personne.

2 Traitement de la maladie mentale

L'approche et le traitement simultanés des multiples plans où se déroule pour chacun l'expérience de son existence – altérée, troublée, voire devenue impossible – touchent au sens que prennent pour chacun les phénomènes de sa vie : la démarche est globale.

Impliquant la globalité de l'expérience d'exister et le sens que chacun lui prête, l'approche et le traitement contemporain des désordres psychopathologiques n'ont jamais été « neutres » (objectifs). Ils ne le sont pas aujourd'hui davantage, car chaque époque et chaque société considèrent « la folie » selon leurs propres critères.

Dans notre monde occidental contemporain, la psychiatrie, la psychopathologie, les neurosciences et la biologie traduisent comment nous essayons de contenir, par le moyen de la science, la dimension extraordinaire (désordonnée), mystérieusement excessive, que censure et cache la normalité policée de nos us et coutumes. Médecine, biologie et sciences sociales, dans leur effort de rationalité, visent à aider nos contemporains :

– soit à réguler leur adaptation au désordre « fou » que produisent nos modes de vie ;

– soit à écarter du rythme actif les personnes en rupture d'équilibre mental, en les plaçant à la marge sociale (*via* les statuts de « malades », de « marginaux », d'« assistés irresponsables », d'« incarcérés »).

MÉMO 88 Le déséquilibre mental et psychologique

UE 2.6

Il provoque doute, dérèglements et douleur.

1 Angoisse

• Elle n'est pas la peur, la peur porte sur un objet précis (qu'il faut éviter ou éliminer). L'angoisse est un état de ressenti (oppression, compression, gorge nouée, terreur diffuse) : elle n'a pas d'objet précis. Elle inhibe ou provoque des réactions compensatoires exagérées (= « conduites réactionnelles ») d'euphorie, d'excitation, de violence, de passage à l'acte, de fuite en avant...

2 Inadaptation, doute, dérégulation

Le déséquilibre mental et psychologique peut provoquer :
– les dérèglements : de la compréhension, de l'expression, de la communication, de l'interprétation, des rapports à soi, aux autres, aux institutions... donc l'inadaptation sociale ;
– le doute : de soi, du sens des choses, ... de la perte de confiance (en soi, en autrui) et l'affaiblissement de l'estime (de soi, d'autrui) ;
– le manque ou l'excès : mauvais réglage du sentiment de sa puissance, de sa valeur, de son pouvoir (inhibition, dépression, passivation) par « ego-systole » ou surestimation, prétention d'autosuffisance narcissique, infatuation par « ego-diastole ».

3 Douleur morale

La « douleur morale », pour psychologique qu'elle soit, est très réellement ressentie par le malade.
• Qualifier cette douleur de psychologique, psychique ou morale ne signifie pas qu'elle est fictive, imaginaire, ou qu'elle ne relèverait que d'idées que le malade veut bien se donner... De même que l'angoisse, cette douleur est un état cruellement ressenti, qui accompagne notamment les vécus mélancoliques, de persécution, de la détérioration, de la dissociation de soi, de la perte des coordonnées spatio-temporelles, de l'érosion d'identité.
• L'expérience psychopathologique est une douloureuse épreuve, qui afflige, obnubile et – souvent – envahit le champ de conscience du malade, le déséquilibrant encore davantage en inhibant ses recours.

88 Processus psychopathologiques

UE 2.6

MÉMO

UE 2.6

89 La théorie des « humeurs »

L'histoire de la folie balance entre explications somatiques et surnaturelles.

▶ Dans l'antiquité gréco-latine, deux écoles savantes

- L'École de Cnide recherche quelle est la mécanique des corps. Son approche matérialiste rend compte de la complexité organique et des mécanismes actifs.
- L'École de Cos tend à intégrer en une unité originale de synthèse, nommée les « humeurs », des éléments provenant du corps et d'autres de l'esprit.

▶ Au quatrième siècle avant J.-C.

- Selon Hypocrate et Empédocle, on conçoit que des liquides biologiques influencent les tempéraments : l'explication des désordres mentaux repose sur les « dérèglements d'humeurs ».
- Plus tard, à Rome (siècle II après J.-C.), Galien consolide la doctrine des humeurs transportées par le sang dans des artères – dont on pensait jusque-là qu'elles servaient à apporter de l'air dans le corps – et définies en tant qu'intermédiaires entre les divers organes vitaux. Ainsi influencent-elles les pensées et les comportements :
  – pour la psychologie normale, Galien établit la doctrine des quatre tempéraments : lymphatique, sanguin, atrabilaire et colérique ;
  – pour les excès anormaux, chaque tempérament peut donner lieu à des exagérations désordonnées, qui constituent les tableaux du désordre d'action/réaction au monde : les passifs dénués d'entrain, les émotifs immédiatement réactifs, les déprimés irritables, ceux qui se laissent emporter par leur violence...

▶ Tout au long du Moyen-Âge et de la Renaissance

- Avec Galien pour référence, la folie est caricature des tempéraments.

▶ L'âge moderne

- L'idée ressurgit lorsque la médecine dresse, au xixe siècle, les premiers tableaux cliniques systématiques afin d'identifier et de traiter les « troubles de l'humeur ».

90 Folie et pensée populaire

MÉMO

UE 2.6

Pour la pensée populaire de la Haute Antiquité, les perturbations d'idées et de comportement sont liées au surnaturel.

1 Folie reçue

• Proximité avec le divin : les dieux, pour empêcher certains humains prétentieux de s'élever au-dessus de l'état de mortel, attirent sur eux leur malédiction. Ils en perturbent le jugement par envoi d'un « trop » (*hubris*) : de suffisance, d'ivresse, de lubricité, d'arrogance, d'excès divers (on dirait aujourd'hui que le « trop » « monte à la tête », « fait sauter les plombs »...). C'est pourquoi (à Athènes au quatrième siècle av. J.-C.), la folie devient signe de malédiction divine sur les déments avec lesquels on évite alors tout contact :
– on leur lance des pierres pour qu'ils gardent leurs distances ;
– on prend la précaution de cracher à leur passage ;
– on interprète comme mauvais augure pour des événements sociaux une crise d'épilepsie.

• Les dieux choisissent d'initier certains déments aux mystères surnaturels en les dotant de clairvoyance exceptionnelle : ils révèlent prophéties et intentions divines grâce à la *mania*, qui est une forme de savoir-pouvoir religieux, en communication avec les dieux grâce au culte.

2 Folie exploitée

• La démence prophétique – encadrée par les institutions du commerce surnaturel – plonge dans le mystère, sert aux humains à « deviner » (proximité du divin) pour interpréter les souhaits divins, pour éclairer le passé, pour savoir ce qui se cache derrière le présent, ou pour connaître l'avenir, par pouvoir occulte.

• Les consultations prophétiques et divinatoires, par culte ou occultes, sont d'abord réservées aux dirigeants, aux plus hauts dignitaires, mais progressivement elles élargissent leur clientèle : naissent des expériences « dionysiaques » (en référence au dieu Dionysos), sous forme de séances organisées de fureur/ivresse collective et contagieuse.

• Naissance des méthodes cathartiques (purge) : les désordres des sens et des mentalités, sont recherchés pour se détendre et pour en savoir plus sur ce qui

90 Processus psychopathologiques

UE 2.6

Folie et pensée populaire

se cache derrière les apparences. Cette purge des oppressions de la vie ordonnée est à l'origine de la « thérapie cathartique » : ce qui cause la folie pouvant aussi la guérir, provoquer artificiellement du désordre mental doit pouvoir libérer du joug de trop d'ordre. Ce principe, au fondement de nombreux essais cathartiques se voulant (psycho-)thérapeutiques, jalonne désormais l'histoire de la folie.

• De l'exaltation provoquée, Platon tire son analyse de la fureur poétique : le poète doit passer par un épisode dément, au cours duquel il est aux prises avec un langage et un mode de connaissance surnaturels, la contrée des Muses. Passée l'extase du dérèglement, revenu à la raison, il communique aux humains, par la poésie ainsi inspirée, l'expérience de son transport en domaine anormal.

❸ Porosité entre génie et folie

L'image de fréquentation risquée des Muses, conjoignant avec la mystique ou la maladie (mais en évitant toutefois de sombrer dans l'aliénation) a nourri notre imaginaire occidental, selon lequel poète et artiste :
– sont un tantinet fous ;
– traversent des épisodes de folie ;
– finissent par devenir aliénés (cf. romantisme et surréalisme en particulier).
Il y aurait du génial chez le fou et de la folie dans le génie.

❹ La part folle intime

Les premières médecines gréco-latines et arabes ont conçu la manie, la mélancolie, le délire, l'épilepsie, en tant que « vésanies » (des détériorations naturelles de l'esprit).

▶ Détérioration admise

Dans le fil des théories grecques de l'humeur, on sait par exemple depuis toujours que l'action maligne de la bile noire produit la mélancolie, que pour la corriger, on met au régime, on administre de la belladone, on fait prendre des bains, on prescrit de la gymnastique. On considère la colère en tant qu'ébullition du sang.

▶ Détérioration redoutée

Les Romains, attachés à l'organisation, à l'ordre hiérarchique, aux répartitions rigoureuses des charges et des symboles, tiennent la démence pour dange-

90 Folie et pensée populaire

MÉMO SUITE

UE 2.6

reuse, car elle met en cause la fiabilité. Les pouvoirs publics la redoutent et en repoussent les expressions.

➤ Prévention romaine

Pour protéger leur ordre social et se protéger personnellement du désordre, les Romains opèrent un clivage en enfermant la folie dans la sphère privée. Selon eux, il existe au sein de chaque individu une part de démence, qu'il faut recouvrir par le secret et la pudeur, enfouir dans la profondeur intime (intime : émotion du dedans).

➤ Invention du « fou aliéné »

Les penseurs moralistes d'obédience stoïcienne (Cicéron, Sénèque, Marc-Aurèle) se méfient des formes diverses de la folie et condamnent celle-ci.
- Pour la tenir en respect, ils mettent en place ce qui sera pour des siècles le tableau psychologique de la personnalité occidentale :
  - toute personne est habitée par une folie intérieure, tenue secrète et normalement maîtrisée par la raison ;
  - mais il arrive que la folie s'externalise par le biais de l'« aliénation » (dépendance anormale à l'autre). Les Romains étudient ce lien aliénant.
- Cette recherche aboutit à la naissance du *follius*, le « fou » proprement dit. *Follius* est un mot latin qui signifie « ballon, outre rempli(e) d'air » et est utilisé pour désigner le vide, par opposition à ce qui tient solidement et fonctionne conformément à l'ordre des choses naturelles (plein physique) et des choses symboliques (plein cognitif) : le fou est conçu tel que vide, il ne tient que par aliénation.
- Le Moyen-Âge est nourri de cette conception : on attribuera parfois du pouvoir à ce « fol état ». Le « *fol* » devient intéressant en contrepoint de l'ordre établi pour deviser sur les affaires embrouillées. Il dit l'envers des choses, la part d'ombre des lumières, les choses cachées au pouvoir (*cf.* le « fou du Roi »).

90 Processus psychopathologiques

UE 2.6

MÉMO
91 Faute et charité

UE 2.6

Pendant tout le Moyen Âge, les problèmes posés par les « insensés » sont encore traités en dehors du domaine médical. Le progrès médical de la Renaissance est freiné par deux mentalités : l'univers de la faute, la posture de charité.

1 Mentalité fautive

- La peste, la lèpre, les maladies vénériennes, les calamités de grande envergure font régner une menace pesante mêlant les interprétations extraordinaires à la connaissance du naturel.
- Au XVIe, la folie est encore conçue comme :
  - châtiment divin sanctionnant le péché ;
  - œuvre du démon dans sa tentative d'hérésie ou de subversion ;
  - mal qu'il faut purifier : on brûle les déments, soupçonnés de sorcellerie.
  On croit davantage à l'exorcisme, à l'enchaînement des diabolisés, à la suppression des possédés qu'aux soins médicaux.
  Ce sont les autorités ecclésiastiques ou civiles qui sont appelées à intervenir – non pas les médecins. La population crédule a peur de la folie et croit en la punition surnaturelle par la démence.

2 Mentalité charitable

- Dans les années 1550, le médecin théologien chrétien Jean de Weyer est frappé par le respect porté en Islam aux insensés, considérés en tant que pauvres victimes de maladies, et non possédés du démon.
- Son œuvre – qui provoque des résistances – imprime un virage définitif : la chrétienté redéfinit ses méthodes de charité et fait du soin aux malades, en particulier aux déments, un devoir religieux.
- Via les ordres monastiques, les asiles se répandent rapidement en Europe, où les malades sont « soignés » : accueil, hygiène, nourriture, accompagnement moral, voire spirituel.
- Ces considérations charitables provoquent une attitude ambiguë des pouvoirs : certains fous, personnages troublants, reçus dans les Cours royales. Fréquenter ces fous devient à la mode aristocrate : amusement.

MÉMO 92 Enfermement, médecine

UE 2.6

Au cours du XVIIe siècle, les contrôles de nombreux asiles sont transférés des œuvres charitables aux États, qui confient souvent leur direction à des médecins.

❶ Enfermement

• À l'asile, les fous côtoient des indigents, amputés, déviants, criminels... tous « infortunés » recueillis par le devoir charitable de la société, mais sont surtout mis dans l'impossibilité de gêner le fonctionnement des grands royaumes s'organisant en États. C'est le mouvement du « grand enfermement » (*cf.* l'historien français Michel Foucault, 1990), prémisse de la société productive moderne.

• Durant le XVIIIe siècle, sous la pression de l'esprit des Lumières, les médecins d'asiles ne se contentent plus d'aménager un simple accueil charitable, ni d'organiser une marge pour contenir les désordres sociaux. Les mentalités changent : la démarche soignante s'articule à la démarche juridique car la philanthropie gagne l'esprit du public : droit de la personne à être soignée.

❷ Médecine

• Au milieu du XVIIe siècle, le médecin anglais Thomas Willis crée le terme de « neurologie ». Il découvre l'anatomie et la physiologie du SNC (polygone de Willis) en cherchant, mais sans succès, à établir le lien entre cerveau et esprit anormal.

• Au milieu du XVIIIe siècle, l'écossais William Cullen construit le concept de « névrose » pour qualifier des affections du système nerveux sans base organique visible.

• À Paris, après la Révolution française, Philippe Pinel, médecin chef de la Salpêtrière établit un premier classement des internés à l'asile. Il oriente le traitement de « l'aliénation mentale » dans des quartiers dédiés (asile d'aliénés) et pose les statuts de « maladie » et de « malade » : la protection par les droits de l'Homme et du citoyen s'applique à la personne souffrant de dysfonctionnement mental.

92 Processus psychopathologiques

UE 2.6

MÉMO

UE 2.6

93 Débuts de la psychiatrie

1 Aliénation mentale et science

- Philippe Pinel impose la dignité du citoyen, même mentalement affaibli et handicapé, qui doit être traité et guéri. Pinel a « libéré les malades mentaux de leurs chaînes ».
- La psychiatrie devient l'approche médicale rationnelle et systématisée de l'« aliénation mentale », terme qu'on utilisera longtemps aux XIXe et XXe siècles pour remplacer les termes ambigus de « folie » et de « vésanie ».
- La médecine aliéniste s'organise, en classant les signes, en décrivant des symptômes, en recherchant les causes des troubles observés.
- Sont publiés de nombreux ouvrages savants : le plus connu (fin du XIXe siècle) est le vaste Traité de psychiatrie par l'allemand Emile Kraepelin.

2 Approches systématisées des types d'aliénations

Dans l'esprit nosographique classant les malades, deux courants médicaux s'opposent.

▶ L'approche organique

La cause de maladie appartient à des lésions du cerveau, ou de l'appareil neurologique : c'est « l'organogénèse » (Kraepelin nommera plus tard « les maladies endogènes » celles relevant d'une atteinte somatique repérée). Mais les connaissances du cerveau à cette époque sont encore rudimentaires. Les « causes » de l'aliénation restent vagues : coups sur la tête, atteintes de l'encéphale, maladies des nerfs, dysfonctionnement de la sécrétion d'idées...

▶ L'approche psychique

La cause de maladie réside dans les dérèglements de la pensée et de la connaissance. C'est ici l'appareil psychique qui est considéré (le domaine mental) Kraepelin appellera « maladies exogènes » ces maladies dues à des causes extérieures à la physiologie.

93 Débuts de la psychiatrie

UE 2.6

MÉMO
SUITE

③ Les hôpitaux psychiatriques départementaux

- Jean-Étienne Esquirol, aliéniste successeur de Pinel, joue un rôle important sur le plan administratif et législatif : il inspire la loi de 1838, qui, signée par Louis-Philippe, organise et réglemente la prise en charge des malades par mesure de protection sociale (cette loi s'appliquera jusqu'en 1990).
- La loi fait construire un hôpital psychiatrique par département. Elle distingue deux types d'internement :
- le placement d'office, par le préfet ;
- le placement selon la volonté du peuple, appelé « placement volontaire », qui comporte aussi le « service libre » si le malade est hospitalisé avec son consentement.
- Les hôpitaux psychiatriques départementaux :
- ils font œuvre de santé pour les internés ;
- ils sauvegardent l'ordre public ;
- ils sont très repliés sur eux-mêmes (quotidien sévère et morne) ;
- en marge de la société, ils renferment malades et personnel inculte vivant en quasi-isolement.
- Au fil du temps ces hôpitaux psychiatriques seront décriés car ils paraîtront protéger davantage la société de la folie que le malade de son aliénation.
- Ils seront notamment accusés de favoriser la « chronicisation » du malade derrière la porte close, sous le poids hiérarchique sévère, ou par violence feutrée du paternalisme.

93 Processus psychopathologiques

UE 2.6

MÉMO
76 Balbutiement des pratiques soignantes

94

UE 2.6

1 Soins

Malgré les efforts nosologiques savants du début XIXe siècle (Esquirol isole la monomanie, Morel décrit la dégénérescence et la démence précoce), la pratique de soin tâtonne entre la simple garderie, la coercition et les tentatives thérapeutiques empiriques : alternance de bains chauds et froids, douches douces ou violentes, compressions corporelles, contentions, flagellations, succession de chocs émotifs, saignées, sédatifs, purgatifs, vomitifs...

2 Neurologie

L'idée que le cerveau comporte des zones spécialisées par fonctions fait son chemin, sa connaissance progresse (travaux sur l'aphasie).

Paul Broca (dans les années 1860-1880) définit les zones fonctionnelles cérébrales : le lien est établi entre l'atteinte de fonctions symboliques et des lésions corticales circonscrites.

Jean-Martin Charcot (dans les années 1860, à la Salpêtrière) :
- fait progresser la catégorisation des malades, qu'il répartit en pavillons spécialisés ;
- étudie les correspondances entre signes cliniques des malades des nerfs et lésions neurologiques retrouvées à l'examen anatomo-pathologique post mortem ;
- observe que de violentes crises convulsives secouent des femmes névropathes. Il s'agit :
  - soit de crises comitiales, avec lésions révélées à l'examen anatomique,
  - soit de crises déclenchées par suggestion sous hypnose (notamment excitation de la zone utérus-ovaires). Les cerveaux de ces malades ne présentent pas de lésion à l'autopsie.

3 Hystérie

Pendant dix ans, Charcot approfondit ses études sur les malades présentant de grandes crises démonstratives, mais ne souffrant pas de lésion. Il conclut que les hystériques souffrent de leur idéation. Sigmund Freud vient à Paris assister à des séances d'enseignement de Charcot (1885).

MÉMO
95 Objectivation

UE 2.6

Au xxe siècle, la médecine cherche à préciser les catégories, les origines et établit des statistiques.

1 Sigmund Freud

D'abord biologiste et neurologue à Vienne, venu parfaire ses connaissances en 1885 aux cours de Charcot à Paris, Freud assiste aux séances des grandes crises hystériques. Il se persuade de l'importance de la suggestion par la parole, à l'insu des protagonistes.

• Il conçoit alors la possibilité d'action sur leur vie mentale d'un insu, échappant à la conscience des personnes malades : une pensée inconsciente peut dicter au cerveau des comportements pathologiques. Il comprend que les malades hystériques veulent inconsciemment plaire à leur médecin.

• Approfondissant cette causalité psychique dans d'autres cas traités à Vienne, Freud crée une technique nouvelle, la psychanalyse, qui se centre sur l'analyse de la pensée inconsciente. Il rompt définitivement avec l'organicisme.

2 Joseph Babinski

À la Salpêtrière, un élève de Charcot, le neurologue Joseph Babinski poursuit les travaux du maître sur l'hystérie.

• Il sépare les hystériques des épileptiques : privées de modèles à imiter, les crises hystériques sont moins démonstratives et leur fréquence diminue vite.

• Il comprend lui aussi que les hystériques anticipent sur le désir du médecin, auquel elles « offrent » le spectacle de symptômes qu'il paraît attendre d'elles. En une sorte de théâtralisation, les grandes crises mettent donc en scène la relation interdépendante qui s'établit entre le médecin et sa patiente.

• Babinski, neurobiologiste éminent, confirme qu'il existe deux catégories de malades « des nerfs » :
– à substrat biologique (le système nerveux) ;
– à composante symbolique (la pensée).
Il établit ainsi qu'une conduite pathologique peut relever de causes différentes, l'une à caractère lésionnel, l'autre à caractère symbolique.

95 Processus psychopathologiques

UE 2.6

 **Objectivation**

❸ Théodule Ribot

À la Sorbonne, puis au Collège de France, Théodule Ribot étudie scientifiquement les dysfonctionnements psychiques de la mémoire et de la volonté (années 1880-1890).

● Sa méthode conjugue les observations cliniques de cas et l'expérimentation scientifique (tests). Ses tests sont des mises en situation expérimentales de malades invités à résoudre des problèmes, réagir à des questions, débrouiller des énigmes.

● Il ouvre la piste pour construire des comparaisons et établir des statistiques, qui débouchera plus tard à l'international sur le DSM (*Diagnostic and Statistical Manual of Mental Discorders*).

❹ Systématiser la connaissance

La nosographie psychiatrique constitue un enjeu majeur de l'approche de la maladie mentale.

● Mais il faut rester prudent sur la validation conceptuelle des nosologies, car :
– les éléments culturels locaux (société, habitudes de famille, culture de groupe, religion, traditions) entrent dans la manifestation des syndromes ;
– les maladies mentales correspondent à une pluralité de facteurs étiologiques (multiplicité de causalités combinées).

● Les XIXe et XXe siècles foisonnent de propositions nosologiques. Au milieu du XXe siècle, la puissante *American Psychiatric Association*, approche le désordre mental non plus par l'explication de cas, jugée trop dépendante des facteurs sociologiques et culturels, mais sur des éléments statistiques, en créant le DSM. Le DSM, pas véritablement nosographique, classe les particularismes de chaque entité morbide selon cinq axes :
– syndromes cliniques ;
– troubles permanents du développement et de la personnalité ;
– troubles psychiques et affections physiques ;
– intensité des contraintes psychosociales et de stress ;
– évolution de situation par rapport à l'année précédente.

Cette démarche descriptive fait peu référence au vécu dramatique du sujet.

MÉMO

96 Psychanalyse, psychodynamisme

UE 2.6

Au xxe siècle, deux grands courants de médecine humaniste considèrent le vécu de la personne malade, mais confèrent une place différente au tandem conscience/inconscient.

1 La psychanalyse de Sigmund Freud

Il établit l'existence de l'inconscient.

• À partir d'études de cas très fouillées, Freud établit un corpus théorique qui bouleverse la nosographie, en distinguant nettement névroses et psychoses.

• Modélisation théorique : le désordre psychique provient du conflit inconscient entre les pulsions inconscientes et la censure qui tente d'en réguler les exigences de satisfaction. Les crises affectives intimes sont le moteur de la vie psychique de tout un chacun.

• Accueillie favorablement aux États-Unis dans les années 1920, la technique psychanalytique se répand, mais elle provoque aussi de vives résistances : la notion d'un inconscient, composé de pulsions à visée sexuelle comme moteur des conduites, choque l'*establishment*.

• La psychanalyse est une psychothérapie qui opère par trois analyses :

– l'analyse du transfert affectif de la personne névrosée sur la personne du thérapeute ;

– l'analyse du contre-transfert que réserve le psychanalyste à cette projection de sentiments infantiles sur lui ;

– l'analyse des résistances à la prise en compte par le malade de la vie psychique inconsciente déterminant ses conduites à son insu.

• Les ratés de l'expression symbolique expriment comment des désirs interdits refoulés cherchant néanmoins leur satisfaction provoquent des pathologies mentales (régressions, fixations).

• Le travail psychique en psychothérapie porte sur les paroles de l'analysant évoquant souvenirs, rêves, fantasmes, émois.

96 Processus psychopathologiques

UE 2.6

96 MÉMO SUITE

Psychanalyse, psychodynamisme

❷ Psychologie dynamique et phénoménologie

● Dans le cadre de l'étude des psychoses, au tournant du siècle et jusque dans les années 1930, le psychologue Pierre Janet établit les bases du psychodynamisme :

– l'automatisme mental organise, selon ses propres règles linguistiques, la pensée du malade ;

– la pensée automatique est faite d'obsessions, d'idées fixes, de troubles de la pensée intérieure.

● À partir de la seconde moitié du xxe siècle apparaît l'école de la phénoménologie (Karl Jaspers, Eugène Minkowski, Henri Ey, Ludwig Binswanger, Arthur Tatossian) qui se centre sur le vécu psychopathologique du délirant : l'analyse existentielle.

● Eugen Bleuler, psychiatre suisse, invente les concepts de :

– schizophrénie (qui signifie « fractionnement de l'esprit ») : un vécu de morcellement de la personnalité et/ou de dissociation des idées d'avec la réalité ;

– autisme : pour désigner le malade replié sur soi, ignorant la réalité ou s'en écartant.

● Psychologie dynamique et phénoménologie attribuent les troubles psycho-pathologiques :

– au bouleversement et affaiblissement des capacités cognitives ;

– à une défaillance de régulation entre vies affective et cognitive ;

– à des confusions expressives : délires et pertes de repères symboliques découlent de ces perturbations, produisant une expérience malade de monde aux atmosphères étranges.

MÉMO

97 Modernité et science face aux psychoses

UE 2.6

1 Psychanalyse

Dans les années 1960-1970, le psychiatre psychanalyste Jacques Lacan établit que le patient psychotique :

– souffre d'une faille dans le système symbolique ;
– ressent que les paroles lui viennent du dehors, appartiennent à un Autre qui les énonce à sa place ;
– ne peut assumer une posture de sujet parlant son désir, car un fragment insoutenable d'un désir ancien interdit n'a pas été symbolisé : il est « forclos » (rejeté, expulsé au dehors de soi) ;
– reçoit plus tard ce fragment non symbolisé sous forme d'hallucination externe, comme s'il appartenait à quelqu'un d'autre ;
– attribue ce sens non reconnu à une puissance symbolique extérieure, un Autre qui parle en lui, qui lui montre des choses ;
– se ressent et se proclame victime (de harcèlement, voix, pénétration, visions...).

2 Psychiatrie biologique : cures, médicaments

➤ Cures

Au cours du XXᵉ siècle, l'axe biologique de la psychiatrie utilise les progrès techniques.

• À partir de 1935, la lobotomie est une technique très utilisée pour tenter de réduire les effets de plusieurs types de psychoses. Il s'agit d'une chirurgie de section ou altération d'un lobe cérébral afin de restreindre l'activité symbolique du cerveau. Cette technique suscite une vive polémique : les dégâts sur l'ensemble de la personnalité sont considérables ; l'existence des malades devient une vie « végétative ». À partir des années 1960-1965, les médicaments neuroleptiques suppriment ce recours chirurgical.

• Pour soulager les états mélancoliques, est mise au point de la sismothérapie, train de chocs électriques légers envoyés au cerveau.

• Pour traiter la schizophrénie, le docteur Manfred Sakel crée des cures par comas hypoglycémiques provoqués par absorption d'insuline, dites « cures de Sakel ».

• Pour traiter les états d'angoisse et les dépressions, sont utilisées plusieurs formules de cures de sommeil sous narcose ou sous tranquillisants.

97 Processus psychopathologiques

UE 2.6

Modernité et science face aux psychoses

➤ Médicaments

● En 1952, Henri Laborit découvre les propriétés myorelaxantes du Largactil®. C'est l'arrivée des neuroleptiques, médicaments ciblés. En abaissant l'angoisse et l'agitation des malades, ils régulent les conduites, rétablissent échanges et relations avec l'entourage.

● À Paris, dans les années 1950-1965, les psychiatres Jean Delay et Pierre Deniker mettent au point des traitements antidépresseurs et antipsychotiques :
– aide à la resocialisation des malades ;
– aide aux relations psychothérapiques (avec le médecin) et sociothérapiques (avec l'équipe soignante) ;
– utilisation de la molécule chlorpromazine.

● En Suisse, le psychiatre Roland Kuhn découvre l'action antidépresseur de l'imipramine.

● En 1960 est reconnue l'efficacité du lithium sur les troubles de l'humeur (Librium®, Valium®).

● Suit la large diffusion des neuroleptiques dans les années suivantes, des anxiolytiques et des normoleptiques, permettant aux malades des sorties prolongées, des séjours en famille, des guérisons.

③ Antipsychiatrie

Le mouvement de l'antipsychiatrie (années 1965-1980) conteste la distribution de médications inappropriées ainsi que la violence institutionnelle asilaire.

➤ Origines

Les anthropologues montrent que les formes de désordre recèlent aussi des valeurs positives et la psychanalyse attribue au conflit un rôle moteur.

➤ Mouvement

Sous l'influence de leaders psychiatres (R. Laing, D. Cooper, F. Basaglia, L. Bonafé et F. Tosquelles) sont développés :
– l'intérêt pour le sens des symptômes et le vécu malade ;
– l'intégration sociale ;
– l'accompagnement individualisé.
L'antipsychiatrie inspire la psychiatrie de secteur, privilégiant :
– petites structures réparties dans la cité ;
– véritable formation du personnel de santé ;
– rôle psychothérapique des divers acteurs d'équipes dédiées au programme de soin individualisé.

MÉMO

98 Panel de méthodes de soin

UE 2.6

1 Symbolico-dynamique

• Travaux de Carl Rogers sur la personne : chacun tente de trouver un mieux-être en s'auto-organisant, la « relation d'aide non directive » accompagne le malade cheminant à son rythme vers l'amélioration.

• Méthodes de renouveau symbolique *via* le corps (techniques de relaxation, *training*, sophrologie, régression...), *via* le groupe (thérapie familiale, psychodrame, psychothérapies analytiques groupales...), *via* les postures/rôles des équipes soignantes qui révèlent les fantasmes ou les significations faisant blocage symbolique et les font évoluer (psychothérapies).

2 Biodynamique

• Pharmacodynamique : au cours des années 1980 des traitements antipsychotiques, antiépileptiques et antimaniaques sont mis au point.

• Les neurosciences fondamentales, cognitives et développementales progressent (couplage avec l'imagerie cérébrale, avec l'électrophysiologie et l'apparition de la génomique).

• Électrodynamique, avec les courants électriques de faible intensité, stimulations : vagales par pacemaker sous la peau (dépressions, épilepsie) ; magnétiques transcraniennes (TMS) pour modifier l'activité neuronique (douleurs, dépression) ; cérébrale profonde (DBS) pour l'épilepsie.

3 Administration : loi de 1990

• L'essentiel du suivi du malade se fait hors de l'hôpital, les droits du malade sont renforcés, son accord pour les soins est indispensable (hospitalisation libre), l'hospitalisation sous contrainte devient l'exception. Le placement d'office est remplacé par l'hospitalisation d'office et le placement par la volonté du peuple par l'hospitalisation à la demande d'un tiers.

• Les textes législatifs insistent sur la dignité de la personne malade, sur le respect qui lui est dû, sur ses droits et sa liberté.

• En 1999 est ajoutée l'obligation d'énumérer les risques liés au traitement : désormais, le psychiatre est tenu d'informer le malade et d'expliquer son choix thérapeutique.

98 Processus psychopathologiques

UE 2.6

MÉMO

UE 2.6

99 Nouvelles attentes de psychopathologie

La représentation chez le public du clivage normalité/anormalité/a récemment changé.

1 Facteurs de l'évolution

- Protocoles de soins individualisés de proximité.
- Insertion optimale du malade dans la société ordinaire.
- Diffusion des médicaments psychotropes.
- Développement de psychothérapies structurées et bien modélisées.
- Élargissement de la psychopathologie aux apports des sciences touchant à la symbolisation, telles que la linguistique, le cognitivisme, la psychanalyse.
- Collaboration des associations de familles et d'anciens malades.
- Équipes thérapeutiques formées avec chartes de soin.

2 Difficultés chez les jeunes

La population s'habitue à consulter psychiatre, psychologue, rééducateurs, pour des enfants et des adolescents (et de plus en plus des étudiants) qui :
- sont en conflit éducatif (famille, école…) ;
- présentent des incapacités cognitives ;
- ont des troubles de l'identité et de l'intégration sociale ;
- sont angoissés par leur corps ;
- échouent leurs relations amoureuses ;
- éprouvent mal des relations institutionnelles ;
- dérivent vers des utopies, des sectes, des embrigadements ;
- sont affectés par des troubles de l'estime de soi.

3 Pression et stress sous contraintes ingérables

- La violence devient le dénominateur commun à un vécu de mal-être chronique poussant les personnes mises en état de fragilité à requérir de l'aide :
  - « syndrome de la fatigue » et du découragement ;
  - pénibilité existentielle : trop de stress, trop de contraintes, trop de risques, éparpillement, usure… ;
  - les souffrances subies par les victimes de brimades et de harcèlement (domination de la personne par la force et non par la régulation de la loi) ;

99 Nouvelles attentes de psychopathologie

MÉMO SUITE

UE 2.6

– sensation d'oppression, vertige, sentiment d'impuissance, culpabilité de ne pas faire face ;
– peurs identitaires, sensation de menace, de harcèlement, de danger ;
– attitude suicidaire.

• Conduites de compensation habituelles utilisant l'alcool, les drogues, les produits dopants, les tranquillisants.

• Addictions :
– aux produits toxiques, au tabac, à l'alcool ;
– aux jeux vidéo, aux jeux d'argent, aux paris en tout genre (surendettement).

➤ **Dépendance**

L'état de dépendance montre que le critère de la consommation de compensation – qui rassure en feignant de combler le manque-à-être soit par la soumission à un Maître, soit par la soumission à toujours davantage de chose à avoir – est devenu un enjeu existentiel de l'homme moderne, où la limite entre le normal et l'anormal est difficile à tracer.

➤ **Sécurité**

La population attend de la psychopathologie qu'elle anticipe le « passage à l'acte » :
– d'un isolé replié sur soi qui se suiciderait ;
– d'un individu obsédé et compulsif qui agresserait ;
– sous la froide détermination pulsionnelle d'un criminel en série ;
– dans l'exaltation d'un groupe inspiré (attentats, terrorisme).

Mais la demande publique est ambiguë car l'utilisation de la psychiatrie par des régimes tyranniques pour éliminer les gêneurs politiques est gravée dans la mémoire de la démocratie.

99 Processus psychopathologiques

UE 2.6

MÉMO

UE 2.6

100 Troubles de communication

Les approches humanistes principales correspondent aux modèles bâtis par la phénoménologie, la psychanalyse, la systémie, le cognitivisme comportemental. Elles sont héritières de la philosophie et des approches compréhensives : elles modélisent les troubles psychiques et la souffrance psychique en dehors de la question du substrat somatique. Elles se centrent sur l'expérience d'un état d'être en défaillance de communication.

- Depuis les travaux de l'école de Palo Alto, chaque personne est considérée en réseau, et il existe de multiples réseaux d'échanges. Mais la pathologie psychique porte atteinte à la communication.

- Le malade :
  - ne trouve plus ses mots, subit une altération de sa pensée : aphasie ;
  - ne se perçoit pas en tant qu'émetteur original : mélancolie ;
  - ne trouve pas les mots de sa pensée : schizophrénie ;
  - s'isole et se coupe de tout échange : schizophrénie, dépression ;
  - ne maîtrise plus ses idées : confiscation de la pensée ;
  - souffre de la distorsion des messages : délire d'interprétation ;
  - souffre d'une sursaturation signifiante : délire d'interprétation ;
  - souffre d'une mono-idée : délire d'influence, de persécution ;
  - crée une langue pour mieux maîtriser les significations : schizophrénie ;
  - doute du langage : schizophrénie, paranoïa ;
  - fabrique des raisonnements pour s'imposer : paranoïa ;
  - subit pensées et injonctions de la part d'envahisseurs : aliénation ;

101 Troubles de l'expérience du monde

MÉMO

UE 2.6

La psychopathologie phénoménologique aborde quatre dimensions troublées de l'existence.

1 L'unicité de l'expérience

L'être au monde, la façon de se synthétiser comme un « étant » est détruite. Pour la phénoménologie (Eugène Minkowski, Ludwig Binswanger, Hubertus Tellenbach, Arthur Tatossian), les symptômes de la destruction de l'unicité expriment comment se dissocie l'expérience du vivre autonome.

2 Le défaut de contact

➤ Chez la personne souffrant de névrose

Le conflit intime des tendances et des pulsions crée une anxiété perpétuelle. Les malaises névrosés de la culpabilité et de l'échec empêchent la sérénité : les contacts avec autrui et avec le monde sont entachés de pénibilité.

➤ Chez la personne souffrant de psychose

Le contact avec les choses, avec le sens, avec les autres personnes est troublé, voire détruit. En conséquence, le vécu de l'existence est profondément altéré.
- Le contact en tant que lien est dangereux :
  – il ouvre un passage aux puissances envahissantes étrangères ;
  – il favorise le vidage hors le corps des matières de vie, comme hors l'esprit des matières pensées.
- La crise du contact peut s'exprimer généralement par une forte angoisse :
  – mouvement centripète du repli craintif : les ponts sont coupés, les limites sont épaissies, les échanges sont abolis, l'existence est figée (inertie, catatonie, hébéphrénie, dépression) ;
  – mouvement centrifuge explosant les limites : l'excitation, la confusion (excitation maniaque, agitation, projection, instabilité, inconséquence).

Qu'il s'agisse d'isolement hagard ou de fureur brouillonne, ces dérégulations du contact expriment la perte du contrôle de soi et la souffrance de l'aliénation : le soi et l'autre ne parviennent plus à trouver la bonne distance.

101 Processus psychopathologiques

UE 2.6

Troubles de l'expérience du monde

❸ L'aliénation

La personne ne parvient plus à être totalement elle. Le malade souffre de subir une dépendance. Il se sent déresponsabilisé. Penser, imaginer, parler donnent à la personne malade une impression douloureuse de décalage : elle ne s'appartient plus.

➤ Chez le névrosé

- Le contre-ordre prend le dessus sur le désir pourtant connu, il « ne s'autorise pas » et perd son objectif dans des manœuvres d'évitement.
- Le décalage est vécu par les névrosés comme source de conflit douloureux entre le voulu et l'impossible.

➤ Chez le pervers

- La libération des pulsions prend le dessus sur la morale pourtant connue. Il sait faire le mal, mais il n'intègre pas le contre-ordre à son impulsion.
- Le décalage est vécu telle une force somatique supérieure au psychisme et au social.

➤ Chez le psychotique

- Le dédoublement apporte de la confusion, il fait douter de la réalité connue, dont soi-même ou les autres. Le monde devient une sorte de spectacle étranger, indifférent à l'être intime, comme si la vie n'était pas la sienne.

❹ L'atmosphère

Les perturbations des relations faussées à l'existence (avec les choses, les gens, les institutions, le verbe) se concrétisent par des modifications du climat de vie, des changements d'ambiance tels que : inhibition, tristesse, crispation, tension, étroitesse, suspicion, méfiance, excitation, euphorie, colère.

- L'angoisse : un ressenti de pression du monde qui se restreint et comprime le corps.
- L'étrangeté : la vie est étrangement étrangère. Le monde devient bizarre.

MÉMO

102 Processus névrotiques

UE 2.6

❶ Les symptômes de la névrose

L'atteinte névrotique se manifeste par :
- la présence de tension anxieuse, diffusant par sensation de malaise, de boule d'angoisse, d'étouffement ;
- des troubles du caractère, sous forme d'agressivité, d'irritabilité, de fragilité impatiente ;
- une egocentration de la personne sur ses problèmes de vie : elle « ne supporte pas » (des frustrations, de l'opposition, des contraintes, de la gêne…) ;
- une immaturité, avec certaines inhibitions et instabilité : besoin de mouvement, mal-être du confinement, déplacement « pour changer d'air » ;
- des difficultés d'ordre sexuel (masturbation de réassurance, impuissance, éjaculation précoce, vaginisme, frigidité, évitement de coït).

Au virage de la fin du XIXe et du début XXe, la catégorie de « névrose » a été nettement identifiée, mais deux conceptions lui donnent un sens différent : celle de Sigmund Freud et celle de Pierre Janet.

❷ Deux conceptions des névroses

➤ Pierre Janet

Il étudie ces « maladies sans lésions ». Il considère que :
- la névrose correspond à un affaiblissement des fonctions adaptatives de l'individu sous l'effet d'un événement marquant ;
- le malade souffre de l'absence de mécanismes adaptatifs subtils.
- ne perdurent chez lui que des mécanismes primaires, ceux qui permettent de vivre, mais qui restent basiques et entravent l'adaptation fine à la société.

➤ Sigmund Freud

Au même moment, Freud invente la psychanalyse qui fait comprendre que :
- la névrose résulte d'un compromis entre deux désirs contraires ;
- l'origine conflictuelle est de nature sexuelle, c'est une blessure dans le développement sexuel de l'enfant ;
- le compromis tente de sortir du conflit archaïque toujours actif entre désirs infantiles, toujours pressants, et censure (avec le processus de refoulement).

102 Processus psychopathologiques

UE 2.6

Processus névrotiques

- les symptômes névrotiques (à base de « fixation » ou « régression » infantiles) sont des tentatives d'issues au conflit inhibiteur ;
- tension et anxiété résultent de la crainte chronique que la réalité présente entraîne le surgissement des pulsions archaïques non apaisées ;
- les formes de névroses correspondent à des ratés d'adaptation aux réalités, où le principe de plaisir domine et infléchit les conduites à l'insu du malade ;
- le névrosé est psychiquement intoxiqué par les fausses solutions auxquelles il se raccroche parce qu'elles avaient fonctionné par le passé : l'existence des névrosés pâtit de ces fixations inadaptées, mais inconsciemment entêtées.
- les névroses théâtralisent les affrontements conflictuels, selon les types de plaisirs recherchés et pris au cours des phases érogènes de la petite enfance :
  - les conduites addictives, suite aux fixations orales (ressenti intense du corps dans le contact),
  - la névrose obsessionnelle, suite aux fixations au dressage à la propreté (ressenti intense des valeurs du propre, du bien, du beau, de l'ordre ; dégoût du sale, du difforme, du désordre),
  - les névroses phobiques et hystériques, suite à la mise en place de la sexualité vers la génitalité (ressenti intense de la possession, de la privation, de la « castration » par les codes sociaux, de l'interdit).

MÉMO

103 Symptôme, plainte

UE 2.6

① Le symptôme

La psychopathologie phénoménologique et psychanalytique considère que le symptôme apparaît lorsque la personne, atteinte de défaillances, tente de rattraper son décalage d'avec la réalité.

• Un symptôme consiste à matérialiser l'adversité, plutôt que de laisser flotter une angoisse terrifiante.

• Le symptôme est concret : il inscrit dans la matérialité du corps et des conduites une chose à examiner, un soin à organiser.

• Il fournit un objet d'intention (d'intervenir, de soigner, de se plaindre, de parole, de peur...) plutôt que la dépendance à un désastre qui submerge.

• Le symptôme est considéré comme apportant un gain primaire au malade : il est une tentative pour maîtriser la situation, d'attirer à soi l'attention et la prévenance d'autrui (entourage, soignants).

• En rendant visible et saisissable le mal-être, il provoque l'entourage (rôles de protection, d'affection, ou à l'inverse de rejet, de déni) : il appelle autrui à prendre en compte le malade, à modifier sa relation à lui.

• Il est une forme de demande : susceptible de mobiliser des conduites (de prise en charge, de suivi, de soin, d'accompagnement, de protection...).

• En tant que gain clinique pour entrer en contact avec le malade et pour base d'échange, il mérite de n'être pas immédiatement éliminé.

② La plainte

• La plainte est expression adressée à quelqu'un (pas de plainte si personne pour la recevoir) : les psychopathologies humanistes lui accordent de l'importance en tant que signe d'une tentative pour re-communiquer, re-signifier, restaurer les relations qui s'étaient effondrées.

• La plainte rompt le mal-être intime (l'angoisse n'est pas communicable).

• La plainte à propos d'un symptôme ouvre un canal expressif.

• Elle cherche l'écho d'une présence humaine brisant solitude et peur d'abandon.

Symptôme, plainte

- Elle appelle un accompagnement susceptible de la décoder :
  - base pour un retour au partage symbolique ;
  - ressort pour lancer l'expression d'un soi digne de considération ;
  - pour ré-engager une conversation ;
  - pour reprendre la parole.
- Le soignant est toujours interpellé par une plainte, même si celle-ci, simple demande d'attention, appel maladroit à l'écho rassurant, n'est pas vraiment « raisonnable » et rate la vérité de la maladie réelle.

3 Aide à (se) signifier

Les psychopathologies humanistes :
- redoutent la hâte de pharmacopée maladroite, obnubilée par la disparition en urgence des symptômes et des plaintes au moyen de médicaments mal ciblés ;
- respectent le fait que le malade :
  - revendique sa reconstruction psychique ;
  - montre sa tentative de se raccrocher aux réseaux symboliques d'où il est déconnecté ;
  - confie son désarroi à une attention réparatrice.

Elles revendiquent une prescription de médicaments ciblés qui soulagent la souffrance et contribuent à réparer les liens (résilience) en aidant le malade à pouvoir (se) signifier en communicant.

MÉMO

104 Psychopathologie psychanalytique

UE 2.6

La psychopathologie psychanalytique freudienne intègre :
- *la dimension d'inconscient ;*
- *les séquelles d'avatars de la première enfance ;*
- *les traumatismes psychiques qui répètent les défaillances et empêchent d'inventer les solutions de progrès : le conflit ancien qui s'actualise handicape la clairvoyance et embrouille le traitement de l'actualité, qui devient encombrée d'imaginaire.*

1 Conséquences

- L'inadaptation est douloureuse, elle est embarrassée par les séquelles du passé non assimilé.
- L'appareil psychique se fixe à des étapes immatures, les conduites régressent (symptômes).
- Souffrance psychique quand le malade constate qu'il n'est plus en prise agréable sur le monde : il est dominé par une répétition psychique automatique (état d'aliénation) qui l'empêche de traiter la réalité objective.
- Embrouillé dans ses propres embarras (égocentrisme), le malade perd de son efficacité : il ne parvient pas à traiter l'existence (tension, fatigue, apathie, agressivité, impulsivité, régressions infantiles).

2 Clinique

- Névroses : l'inconscient cherchant obstinément sa satisfaction, les pulsions insatisfaites resurgissent en brouillant la vie affective, en consommant de l'énergie, en mêlant trop d'imaginaire à la réalité (fantasmes).
- Perversions : la survivance des illusions de toute puissance imaginaire évite le contrôle conscient et contamine la réalité, jouant à dépasser les limites de l'interdit social. Mauvaise intégration aux réalités sociales.
- Psychoses : elles résultent d'une déficience majeure de « l'appareil à penser », empêchant le sujet de construire les moyens de se situer correctement par rapport : aux autres, au langage (code social) et aux choses du monde. Le traitement de la réalité (perception, sens, sensations) est gravement altéré.

104 Processus psychopathologiques

UE 2.6

MÉMO

UE 2.6

105 Carences d'appareil mental

De mauvaises réactions aux frustrations pendant l'enfance provoquent plus tard des troubles psychiques. Étant petit enfant, le sujet ne parvenait pas à surmonter ses frustrations. Il ne relativisait pas sa souffrance, il ne trouvait pas de compensations, il ne dépassait pas un vécu de carence.

1 Ratés

L'appareil à s'illusionner (imaginaire) puis à se désillusionner au bénéfice de la prise en compte des réalités (symbolique) dysfonctionne gravement. Il n'y a pas de confiance dans le psychisme.

➤ Causes

- Le psychisme n'illusionnait pas assez (pas de « bon sein »).
- Le psychisme mal réglé faisait mal (« mauvais sein agresseur »).
- Le psychisme trompait trop bien trop longtemps (fascination béate par la fiction, autoérotisme, narcissisme complaisant).
- Le psychisme a mal négocié sa confrontation au réel (ses impossibilités sont niées).
- Le psychisme a mal négocié sa confrontation au symbolique (ses règles sont niées, la « castration symbolique » ne produit pas d'effet).
- Le psychisme ne tolère ni obstacle, ni contrainte, ni partage, ni échange.
- Le psychisme fatigue et déçoit : attendre, penser, inventer… dépense de l'énergie, oblige à exprimer, à se représenter des choses.

2 Clinique

- **Intolérance aux frustrations** : violentes colères, agitation, conduites d'entêtement obstiné, conduites d'évitement des frustrations.
- **Manque de patience, émotivité, irritabilité** : le malade est « réactif », « sensitif », « impatient » ; les effusions affectives le dominent ; il ne « contient pas » ses sentiments agressifs ; incapacité à « se raisonner », à relativiser son échec, à espérer une compensation alternative à sa frustration.
- **Faiblesse d'imagination, blocage obstiné, sensation d'impasse** : mise en état de dépendance passive ; le malade « se mure » dans son idée fixe d'obtenir satisfaction (« point barre ! »).
- **Pauvreté inventive** : rêveries stériles fixées sur l'objet envié, projets liés à l'objet convoité mais sans lendemain ; programme sclérosé sur l'objectif frustré.

105 Carences d'appareil mental

MÉMO SUITE

UE 2.6

- **Sentiment d'abandon** : le malade se sent lâché, n'établit pas de relation de confiance ; solitude.
- **Égotisme, égocentrisme, repli sur soi** : narcissisme et relations capricieuses isolent le malade, rejeté pour son irritabilité et son « mauvais caractère », voire sa « prétention » aux yeux d'autrui.
- **Envie, jalousie** : priorité aux satisfactions de soi immédiates et illimitées ; les objets détenus par autrui (paraissant le combler) sont systématiquement convoités ; ne pas les obtenir suscite un immense sentiment de profonde injustice ; passages à l'acte (violence, vol) pour se les approprier;
- **Pas de relativité, pas de projection dans la durée** : *convoitise immédiate, le malade ne sait pas différer, repousser, espérer, échanger, relativiser sa situation et attendre l'amélioration autrement.*
- **Conduites impulsives, désordonnées, stupeur** : *la pauvreté symbolique condamne à la réaction instantanée, « réflexe » sans mesure, sans régulation, sans programme, sans suivi.*
- **Manque d'organisation, de lucidité, d'expression tactique** : *langage fruste et pas de projection, le malade « ne domine pas » la situation, « il est dominé » par ses sens.*
- **Séquelles dans l'utilisation des fonctions mentales (handicap intellectuel) et des fonctions affectives (fixations infantiles, perversité)** : *le malade ne peut pas « prendre de recul », il « colle à la situation de frustration »; il n'est pas « raisonnable » (peu sensible à la raison).*

3 Évolution

- Les réactions « caractérielles » du sujet aux frustrations entraînent des contre-réactions de son entourage (intolérance, surprotection, tolérance résignée, rejet).
- Des délires à deux ou à plusieurs sont les dérives pathologiques de systèmes tentant de s'équilibrer entre eux (système avec l'entourage plus ou moins perturbé).
- La vie systémique avec l'entourage influence grandement l'évolution et le pronostic : en positif, s'il y a aide à la reconstruction mentale ; en négatif, en crispant les situations et multipliant les rigidités de part et d'autre.
- Les carences d'appareil mental bénéficient des psychothérapies (affectives et cognitives) soit en suivi individuel, soit (mieux) en psychothérapie familiale.

105 Processus psychopathologiques

UE 2.6

MÉMO
106 Processus névrotiques

UE 2.6

La psychanalyse (Sigmund Freud) modélise le processus mental qui débouche sur une névrose.

1 Rappel : processus normal

La censure refoule les pulsions interdites pour favoriser l'adaptation à la réalité. Seule l'activité socialement admise est possible : la conscience veille et agit conformément à celle-ci (principe de réalité). Pensées, conduites, comportements, projets distinguent nettement la réalité des ambitions pernicieuses du principe de plaisir.

2 Processus pathologique

- Les névroses correspondent à des ratés du refoulement : par défaillance de la censure, le principe de plaisir diffuse dans les mécanismes d'adaptation à la réalité.
- Les poussées répétées (pulsions) d'un inconscient cherchant à décharger ses tensions prennent des voies archaïques de plaisir (utilisées pendant la petite enfance) et parasitent l'existence.
- Les conduites névrosées, inadaptées aux conditions d'existence, manquent de réalisme. L'existence des névrosés pâtit de ces « fixations » inadaptées, mais qui leur sont devenues indispensables.
- Le névrosé est psychiquement intoxiqué par les fausses solutions auxquelles il se raccroche parce qu'elles avaient fonctionné par le passé :
  - les conduites addictives correspondent aux fixations orales (ressenti intense du corps dans le contact) ;
  - la névrose obsessionnelle est une fixation aux enjeux du dressage à la propreté (ressenti intense des valeurs du propre, du bien, du beau) ;
  - les névroses phobiques et hystériques correspondent à la phase d'installation de la sexualité génitale (ressenti intense de la possession, de la privation, de la « castration » par les codes sociaux, de l'interdit).

3 Culpabilité

- Le Surmoi, qui devrait guider la personne dans son adaptation à la vie, devient inhibiteur, puis censeur, répressif.
- Le Surmoi de névrosé empêche de prendre plaisir à la vie. Le quotidien de la personne est taraudé par un intense sentiment de culpabilité.

MÉMO
107 Névroses hystérique et obsessionnelle
UE 2.6

1 Névrose hystérique

Le malade hystérique souffre de symptômes psychomoteurs, sensoriels ou végétatifs qui correspondent à des conversions de souffrance psychique en souffrance physique.

- Pour contourner le refoulement interdisant les images de ses désirs impossibles, le malade « convertit » ses fantasmes en les fixant sur le corps.
- Ses symptômes corporels sont une voie expressive inconsciente contournant la censure appliquée par la conscience.
- Certaines sensations sont désormais absentes, ou certaines fonctions dysfonctionnent, ou les perceptions sont tronquées, ou la peau est atteinte d'inflammations (*cf.* psychosomatique).

➤ **Le corps souffrant**

Chez le névrosé hystérique il est excité et exprimé (symptômes) selon une anatomo-physiologie qui ne correspond pas aux schémas corporels de la connaissance habituelle : corps subjectif des fantasmes, du fonctionnement de zones excitées intimes, d'image corporelle inconsciente immature d'un corps enfantin, sans rapport avec la connaissance objective.

➤ **Inauthenticité**

Le corps fantasmé au détriment de la réalité handicape l'existence du névrosé hystérique, qui n'est jamais au clair sur l'authenticité de ce qu'il ressent et exprime (impression d'artifice).

Les symptômes psychiques ont à être pris en charge par des méthodes psychiques (psychothérapie) mais le/la malade, au cours de la relation, cherche à obtenir davantage d'égards et de considération de la part de son médecin, lequel est piégé dans la demande de soin (*cf.* duplicité inconsciente des grandes crises de Charcot).

107 Processus psychopathologiques
UE 2.6

MÉMO SUITE

Névroses hystérique et obsessionnelle

❷ Névrose obsessionnelle

Le malade se méfie du corps, de celui d'autrui comme du sien, comme il craint en fait toute trace de vie.

• Il évite d'être au contact de la poussée vivante, de la matière vivante (traces, flux, bouillonnement, effervescence...) : il se met à l'abri derrière un « périmètre de sécurité ».

• Il préfère l'ordre, la maîtrise, la loi, l'abstraction, la régularité, la symétrie, la justesse.

• La détermination farouche (obsessionnelle) à se protéger prend la forme de rites et de compulsions, avec :

– obsession de la propreté (exagération de toilette, ménage, hygiène, désinfection) ;

– honte et la culpabilité dès qu'il y a soupçon de désir ;

– tentatives pour canaliser, pour isoler, pour abstraire les images de désirs jusqu'à en faire des stimuli psychiques internes qui commandent l'exécution « libératoire » de gestes brusques : les TOC (troubles obsessionnels compulsifs) visent à soulager la tension grâce à des actes irrépressibles ;

– des tentatives de maîtriser les images de désirs en les répétant, en les reprenant par leur symétrie inverse, de les contenir en les enserrant dans des séries, des combinaisons de signes et des chiffrages (rituels conjuratoires), de les neutraliser en les abstrayant, en les coupant de leur contexte (isolation mentale).

➤ Pour les freudiens

• La névrose obsessionnelle est une séquelle du stade anal (*cf.* dressage à la propreté).

• La névrose est un compromis déséquilibré entre de forts désirs et leur interdit supérieur qui censure.

108 Névrose phobique, troubles anxieux

MÉMO

UE 2.6

❶ Névrose phobique

• Le malade subit des peurs irraisonnées constantes (les phobies) d'un objet ou d'une situation qui, objectivement, ne fait courir aucun danger. Il est aux aguets.
• Le malade se surveille lui-même, sous le prétexte de devoir traquer des domaines d'où peut émerger le signal :
– une foule (agoraphobie : peur de la foule d'où peut surgir on ne sait quoi) ;
– un espace fermé (claustrophobie : peur de l'enfermement) ;
– un tout petit animal aux apparitions surprises (zoophobie) ;
– devenir rouge en parlant en public (éreutophobie) ;
– il éprouve l'angoisse que surgisse sa phobie.

• Système phobique : le névrosé cristallise sur un signe (son objet phobique). Le signal l'alerte qu'un désir refoulé pourrait resurgir, l'alerte de danger imminent :
– évite de désirer « une peur de quelque chose » ;
– la phobie trouvée pour éviter de désirer devient un handicap d'existence : angoisse d'être pris au dépourvu.

❷ Troubles anxieux

• Anxiétés diffuses et chroniques des états névrotiques : inquiétude de ne pas faire face (maladie ou accident, éducation des enfants, problèmes d'argent ou de travail, deuil...), irritabilité, nervosité, signes physiques du stress.
• État de stress post-traumatique :
– circonstance d'un événement brutal et grave tel qu'accident, agression, attentat, catastrophe, panique ou sidération suivant immédiatement le choc ;
– signes de l'ESPT ;
– syndrome de répétition (*flashbacks*, cauchemars) : le psychisme tente de trouver du sens à ce que la brutalité du choc a éparpillé ;
– symptômes dépressifs : moins de goût et de plaisir – anhédonie –, culpabilité, pessimisme ;
– troubles de la concentration et du sommeil.

108 Processus psychopathologiques

UE 2.6

MÉMO

UE 2.6

109 Bouffées délirantes aiguës (BDA)

Le terme « aigu » désigne une durée inférieure à 6 mois.

1 Syndromes délirants aigus

- Principalement chez l'adulte jeune, sous la forme d'un brutal « coup de tonnerre », dans un contexte de tension, avec prodromes (insomnie, anorexie, anxiété, possible prise de toxiques) et dure quelques semaines.
- Angoisse, dépression.
- Conviction délirante absolue : le malade est persuadé qu'il subit des forces aliénantes.
- Non systématisée, thèmes flous, conscience intacte des choses se passant hors l'état délirant.
- Risque d'agression (gestes auto-agressifs ou hétéro-agressifs).

2 Formes délirantes aiguës

▶ **Hallucinations (perceptions sans objet réel)**

- Traitements psychiques aliénants (voix intérieures, pensée confisquée).
- **Automatisme mental :**
  - écho de la pensée : les idées viennent en doublon ;
  - pensée devinée : quelqu'un capte les idées, plonge dans la vie mentale secrète ;
  - pensée guidée : une force impose des idées, interfère en pensée étrangère ;
  - commentaires sur les pensées et les actes : critique « en *off* » des idées.
- **Traitements sensoriels :**
  - chacun des cinq sens fait éprouver des sensations gênantes, étranges ;
  - la cœnesthésie et la proprioception font éprouver des désarticulations de membres, la compression, l'impression d'être pétri ou étiré, celle que des organes ont une vie autonome.
- **Intuitions délirantes :** certitude soudaine, type « *Je comprends tout !* », « *Maintenant c'est clair, je le sais !* » ou « *Ainsi-soit-il !* ».
- **Imagination et interprétation délirantes** (signaux) : « *Elle étend son linge blanc, ce qui veut dire à son amant que la voie est libre.* ».

110 Idées délirantes

UE 2.6

MÉMO

1 Thèmes fréquents

Les idées délirantes sont variées, mais ont des caractéristiques dominantes.

• Persécution : harcelant le malade, type « *les* », ou « *ils* » désignant une puissance secrète.

• Grandiose : idées mégalomaniaques concernant :
– une capacité exceptionnelle (rôle pour une mission glorieuse, sixième sens…) ;
– la filiation d'un personnage historique ou mythique ;
– l'incarnation d'un personnage prestigieux doté d'un don ou d'une puissance extraordinaire (missionnaire, inventeur, docteur, savant, créateur…).

• Érotique : type « *Je vois assez souvent en vision l'homme dont j'ai peur en ce moment. Il essaie de se montrer à moi de diverses façons : ou en prenant l'air à sa fenêtre, ou étendu sur mon corps lorsque je suis couchée. Je le devine, cela me gêne. Il essaie de se découvrir à moi, ce qui me fait souffrir ; et il essaie de me faire ressentir des choses auxquelles je ne dois pas penser.* ».

• Mystique : lien avec des puissances transcendantes ou des divinités (mission, prophétie, rôle salvateur ou malédiction), type : « *On m'envoie des visions la nuit. Pendant une de ces nuits, tout d'un coup je vis se dresser devant moi une grande croix de bois brun sur laquelle se trouvait crucifié un jeune homme sans vêtement… tout au moins, il en avait si peu.* ».

• Hypocondriaque : thèmes de maladies plus ou moins mystérieuses, d'invasion du corps par des insectes ou microbes, par des possessions maléfiques, type : « *Elle prétendait avoir plusieurs cancers, qui lui rongeaient le cœur ; elle en avait un qui lui était descendu dans la bouche jusqu'au cœur et qui motivait à ses yeux.* ».

2 Conséquences du délire

• Dépersonnalisation : le malade ne parvient plus à coordonner ses signes d'identité ni à rassembler les informations sur sa fonction de sujet. Le malade ne reconnaît pas son monde, ni lui-même dans le monde, type « *Oui, il me force à obéir ; je ne suis pas maîtresse de moi-même. Poussée par cette volonté, je puis tout faire, même le crime, même me détruire si c'est sa volonté. Il a déjà essayé. J'obéis à tout, c'est irrésistible. Il me domine malgré ma révolte constante ; la nuit, il veut me faire faire des choses honteuses.* ».

110 Processus psychopathologiques

UE 2.6

Idées délirantes

- **Irréalité** : l'étrangeté et l'atmosphère délétère globale font un contraste violent avec la certitude de la conviction délirante (adhésion totale au thème délirant (*exemple* : mission à accomplir en urgence pour punir les damnés, inverser le cours de l'Histoire, sauver les repentis).
- **Apragmatisme** : le malade perd le sens de la réalité, il perd le sens pratique et sa responsabilité, il est isolé dans l'irréalité.
- **État de perplexité, confusion, onirisme** : le malade cherche à remettre de l'ordre et du sens dans ses impressions, mais avec du matériau insensé.
- **Agressivité** : sont susceptibles de provoquer soudain un « raptus » violent : la sensation d'être forcé ou envahi ; la conviction délirante ; le but de « nettoyer le mal » (démarche d'assainissement).

3 Évolution des BDA

Les BDA sont sensibles au traitement pharmacologique précoce.

➤ À court terme
- Disparition en quelques jours ou quelques semaines.

➤ Vers troubles bi-polaires
- **Manie délirante** :
  – accélération psychomotrice, avec excitation, agitation, fuite des idées ;
  – exaltation de l'humeur, avec euphorie, jeux de mots, taquineries ;
  – absence de fatigue, rythme accéléré « à l'énergie », insomnie ;
  – idées délirantes sur thèmes érotiques, de séduction, de racolage...
- **Mélancolie délirante** :
  – ralentissement psychomoteur ;
  – distanciation et perte de goût pour la vie ;
  – asthénie, fatigue, lourdeur d'une existence subie ;
  – idées délirantes d'échec, de faute, d'indignité, d'incurabilité, de dégoût.

➤ Vers psychoses chroniques
Deux types de psychoses selon le critère de l'auto-perception de Soi chez le malade.
- **Le Soi demeure un pôle de l'action et de la pensée** : il est représenté comme point constant en relation avec le monde et il est « non-dissocié ». Les BDA peuvent évoluer en psychoses chroniques à caractère non-dissociatif, avec délires paranoïaques, hallucinations chroniques et paraphrénies.
- **Le Soi n'est plus perçu comme pôle** : il est « dissocié ». Les BDA peuvent alors évoluer en psychoses chroniques à caractère dissociatif : les schizophrénies.

MÉMO
111 Schizophrénies

UE 2.6

Caractéristique majeure : la *dissociation des facultés mentales et dissociation de la personnalité.*

1 Syndrome dissociatif

- Rupture de la coordination entre les sensations et perceptions, les affects, les facultés cognitives et les conduites : par exemple, l'éprouvé ne correspond pas à ce qui est pensé, les idées ne traduisent pas le ressenti ni ne servent le comportement...
- Pensées, sentiments et actions sont incohérents, voire contradictoires.
- Discordance du comportement, avec : ambivalence, bizarrerie, détachement, impénétrabilité.

2 Syndrome paranoïde

- Hallucinations, intuitions, interprétations et imagination débridées :
- – persécution par des puissances occultes ;
- – vécu d'attaques hypocondriaques ;
- Fréquents symptômes de dépersonnalisation.

3 Syndrome autistique

Caractère autocentré d'un monde-pour-soi coupé d'autrui, avec :
- – prévalence du monde intérieur au détriment des rapports sociaux ;
- – oubli des conventions sociales et des modes de vie partagés ;
- – repli sur soi avec perte de contact, désintérêt, indifférence ;
- – apragmatisme ; monde personnel impénétrable, mutisme.

4 Schizophrénie hébéphrénique

- Forme de schizophrénie (nommée parfois simplement « hébéphrénie », en référence à Hébé, divinité grecque de la jeunesse).
- Les symptômes se manifestent de façon soudaine entre 15 et 25 ans, après une période de crispation et de mélancolie avec :
- – dissociation intense ;

111 Processus psychopathologiques

UE 2.6

Schizophrénies

- désorganisation de la conduite ;
- discordance avec l'environnement ;
- discordance entre les expressions émotives et les situations ;
- rigidité, crispation, froideur, absence de réaction, apathie tendue ;
- perte des habitudes d'existence (ne plus se laver, ne plus manger, négligence vestimentaire, oubli des codes de bonne conduite...).

5 Schizophrénie catatonique

Signes d'inertie, combinés à un négativisme résolu (opposition aux sollicitations, refus de participation aux échanges) pouvant alterner avec des périodes de brusque agitation désordonnée :
- refus de contact, fuite du regard, mutisme ;
- anorexie ;
- catalepsie (gestes figés, postures fixes, raideur) ;
- expression en écholalie (mots répétés) ou en échopraxie (mimiques, gestes en miroir) ;
- agitation, hyperkinésie sans but, maniérisme (poses, postures recherchées) en période d'excitation.

➤ Conclusion : évolution des psychoses dissociatives

- Chronicité lorsque les symptômes durent au-delà de six mois après leur apparition.
- Alternance de périodes de relative rémission.
- La symptomatologie résiduelle est plus ou moins importante selon les personnes, notamment les symptômes négatifs (opposition butée ou simple égocentration ; fuite d'autrui ou prudente tenue à l'écart).
- Après amélioration, l'adaptation à la réalité reste fragile.

MÉMO

112 Paranoïa

UE 2.6

C'est une psychose sans dissociation. Le malade reste en prise avec la réalité, mais ses troubles renforcent exagérément l'apparence de puissance de soi : son délire le trompe sur la réalité d'un monde arrangé à sa mesure (= signification imaginaire).

1 Caractères

- Délire interprétatif (le mot de *paranoïa* signifie un savoir construit sur une base inversée).
- Conviction par interprétation : la réalité perçue délivre une signification évidente.
- Adhésion délirante : le délire interprétatif apporte les « certitudes » faisant « preuve » : (de complot, d'événement, de projet pernicieux, de cabale...).
- Autocentration, haute estime de soi, suffisance.
- Raisonnement, ergotage : à partir de prémisses erronées, le délire développe un raisonnement d'une logique impeccable.
- Les thèmes portent sur :
  – le droit et la réparation de préjudices ;
  – la persécution ;
  – la quérulence (position de conflit, esprit de querelle) ;
  – l'assainissement moral (redresseur de torts, moralisme) ;
  – la susceptibilité, la jalousie.

Paranoïa « sensitive » : forme de vulnérabilité du malade par sensibilité exacerbée aux épisodes frustrants des relations sociales (manque de reconnaissance espérée, opinion d'autrui, fierté blessée, jalousie...).

2 Système paranoïaque

- Sous l'apparence « forte » se cache un profond sentiment d'échec.
- Pathologie narcissique : le Moi revendique, il s'illusionne sur sa force en alignant des recours formels (discours du droit, rhétorique de la preuve, déductions, formules d'autorité, insignes du pouvoir...).
- Moteurs du délire :
  – projection : l'autocritique destructrice est transformée en reproches faits à autrui (faute des autres à dénoncer, redresser, punir...) ;

112 Processus psychopathologiques

UE 2.6

Paranoïa

– compensation : le manque de confiance en soi provoque la réaction d'importance (infatuation, être cible de harcèlement, rôle de puissant réparateur des torts…).

❸ Érotomanie

- La personne se sait aimée d'un amour intense mais tenu secret, pour raison d'impossibilité, de la part d'une autorité (célébrité, star…).
- Moteur : créer des conditions impossibles pour sa sexualité mal assumée, projetée pour s'en débarrasser.

❹ Jalousie

- Le thème n'est pas expressément sexuel (contexte professionnel, sportif, de loisir, familial…).
- Moteur double :
- obtenir la garantie morale de la part du pouvoir ;
- surveillance continue du rival pour se le rendre très proche (homosexualité non assumée sous-jacente).

❺ Paraphrénie

- Le malade a un comportement normal, mais il se consacre en outre à une idée obsédante (invention secrète, fanatisme caché, « passion » pour restaurer une prétendue vérité historique).
- Moteur : mégalomanie, identification héroïque, ascendance noble, identité de grand personnage…

❻ Psychose hallucinatoire chronique (PHC) ou schizophrénie paranoïde

- Organisation définitive de la personnalité autour de son délire : les hallucinations se confondent aux perceptions, le sens de l'existence y est ramené.
- Aux limites de la dissociation.

MÉMO

113 Stress

UE 2.6

La réaction de stress est un dysfonctionnement de la mise en alerte face aux menaces. Au lieu de préparer son action (lutte, fuite, parade), la personne subit la situation et ses réactions sont inappropriées.

1 Facteurs de stress

- Les événements perturbent violemment la personne en la mettant en danger :
  - traumatismes : agression, accident, attentat, catastrophe, décès de proche, abandon... ;
  - difficultés prolongées : maladie, polyhandicap, conflits affectifs, cumul négatif (échecs, deuil, ruptures, appauvrissement...) ;
  - bouleversements : retraite, grossesse, déménagement, divorce, nouveau travail, nouveau mode de vie, acte chirurgical... ;
  - cumul de tracas quotidiens sur une personnalité fragilisée : harcèlement, fatigue, retards, transports défaillants, bruit, climat, voisinage...
- Sont plus vulnérables au stress : les personnalités tendues, impatientes, hyper-actives, ayant besoin de performance et de défis, impliquées dans la performance.
- Résistent mieux : les personnalités détendues, calmes et distanciées (humour, relativisme, fatalisme, plus large spectre d'intérêts culturels).

2 Conséquences pathologiques

- Modifications du métabolisme et des réactions immunitaires.
- Conséquences physiques indirectes : ulcères gastriques, affections cutanées, digestives, neurologiques, ORL et maladies cardio-vasculaires (surtout sur fond sthénique anxieux : maladie coronarienne).
- Conséquences psychologiques : troubles de l'adaptation (agitation, excitation ou passivité, inhibition), dépressions « réactionnelles ».

3 Traitement

- Anxiolytiques, antidépresseurs.
- Psychothérapies : reprogrammation du tandem travail-détente (hiérarchisa-tion des valeurs), méthode d'affirmation de soi (capacité à se fixer des priorités, capacité à refuser, etc.), relaxation, thérapies cognitives sur l'estime de soi, la confiance en soi, le contrôle de soi.

113 **Processus psychopathologiques**

UE 2.6

MÉMO

UE 2.6

114 Dépression

Trouble de l'humeur fréquent (chez 5 % de la population générale), il affecte lourdement et de façon cyclique (50 % des malades récidivent dans les deux ans) l'existence des malades. Chez deux fois plus de femmes que d'hommes.

1 Caractère

Le syndrome dépressif franc est toujours caractérisé par la présence de trois symptômes, installés au-delà de deux semaines.

- **Humeur dépressive**, avec :
  - tristesse et atonie ;
  - idées d'impuissance ;
  - douleur morale, dévalorisation systématique ;
  - vision pessimiste de soi et du monde ;
  - perte de l'estime de soi, perte de confiance ;
  - sentiment de corruption, d'indignité, de culpabilité et d'incurabilité : ni moi, ni le monde, ni la vie ne valent rien ;
  - anesthésie affective, indifférence ;
  - rumination d'idées suicidaires.

▶ Ralentissement psychomoteur

- **Motricité passive**, avec :
  - présentation figée ;
  - visage peu expressif, triste, regard abattu ;
  - économie de geste, déplacement lent ;
  - parfois bouffée d'agitation (10 %).
- **Ralentissement intellectuel**, avec :
  - « bradypsychie » (idéation et compréhension lentes) ;
  - ton monocorde et bas ;
  - aboulie (difficulté à prendre des initiatives) ;
  - faiblesse de la concentration, attention labile ;
  - oublis (trouble de mémoire immédiate).
- **Asthénie générale** (mais encore davantage marquée au matin) :
  - polyalgies : musculaire, digestive, rachidienne ; céphalées ;
  - troubles du sommeil (surtout la 2e partie de la nuit avec rumination, auto-reproches, culpabilité) ;

114 Dépression

MÉMO SUITE

UE 2.6

– troubles de l'alimentation : anorexie, perte de poids, constipation ;
– troubles de la sexualité : baisse de la libido, frigidité, impuissance, aménorrhée.

2 Étiologie

➤ Théorie biologique

Baisse des neuromédiateurs, notamment la sérotonine.

➤ Théorie psychanalytique

• L'inconscient de dépressifs abrite un désir d'être absolument et continuellement protégé par la mère et ses substitus.
• Le retrait de l'intérêt au monde correspond à l'auto-agression de qui désire intensément changer sa situation, mais n'y parvient pas. Devant la situation pénible, la personne retourne son désir contre elle, se fait passive et indifférente.
• La noirceur de l'humeur (en grec = mélancolie) traduit cet obscurcissement du regard sur soi et sur le monde, qui exprime le désabusement.

➤ Théorie cognitive

• Un trouble de la pensée empêche l'embrayage sur souhaits, représentations de projets, programmes.
• Raisonnement tronqué par rumination pessimiste, rabâchage d'échecs, conviction d'impossibilité.
• Absence de pensée opérationnelle, maintien dans l'imaginaire stérile (rêverie).

3 Traitement, évolution

• Administration d'antidépresseurs.
• Les actes suicidaires :
– peuvent être impulsifs, au cours d'un raptus anxieux ;
– ou, chez le malade mélancolique, méthodiquement préparés, préméditation selon une idée de destinée inéluctable.
• 15 % des déprimés décèdent par suicide.
• 30 à 35 % des suicides sont dus à des épisodes dépressifs.

114 Processus psychopathologiques

UE 2.6

MÉMO

115 Psychose maniaque

UE 2.6

1 Caractères du syndrome maniaque

L'humeur est excitée, le comportement est agité, la parole est exaltée, le flux de parole est ininterrompu, la pensée est labile.

- **Signes somatiques** : insomnie, mais sans fatigue, hyperphagie, hypersexualité, hyperthermie, déshydratation.
- **Comportement** : excitation, ardeur volontariste, fébrilité, impatience, agitation, tenue débraillée, fantaisiste, provocante, fuite en avant, fugue, accélération globale, hyperactivité désordonnée, brouillonne, inefficace.
- **Psychologie** :
  – hyperesthésie affective ; manifestations caricaturées d'émotions (effusion, cri, rire, mimiques) ;
  – humeur euphorique, joviale, expansive, racoleuse ;
  – visage hyper-expressif, mimiques, grimaces, postures démonstratives ;
  – moments versatiles, réactifs à l'environnement, avec colères, injures, gesticulation théâtralisée ;
  – estimation très positive de soi, familiarité excessive ;
  – optimisme général, familiarité du contact, oubli de convenances ;
  – achats inconsidérés ;
  – caricatures d'entraîneur, d'animateur, de « manager » par l'affectif, la séduction, l'enthousiasme ;
  – tendance à l'addiction.
- **Cognition** :
  – vision de facilité et sous-estimation des obstacles ;
  – idées mégalomaniaques, cumul de projets irréalistes, oubli d'obstacles ;
  – initiatives irrationnelles ou intempestives (faire des coups, tenter le diable).

2 Conduites associées

Euphorie, optimisme infondé, manque de perspicacité et de constance, agitation dispersée, suivi fébrile de fréquentations osées non réfléchies, surexcitation par entraînement et défi, provoquent des conduites fatales ou des conduites délinquantes :
– conduite motorisée dangereuse par surestimation de ses capacités propres ou de celles du véhicule, par euphorie, par défi compétitif, par association d'alcool et de produits toxiques ;

MÉMO 115 SUITE — Psychose maniaque — UE 2.6

- grivèlerie, sexualité outrageante, impudeur, apostrophe déplacée ;
- agression par colère, par entraînement de groupe ;
- minimisation de l'importance d'actes délinquants et de leurs conséquences ;
- achats et ventes non raisonnables (l'euphorie néglige les obstacles) ;
- endettement inconsidéré suite à un « coup de cœur », à l'excitation de jeu ;
- perte de maîtrise de soi, idée de grandeur, confiance surestimée en soi ;
- fuite des idées, fuite des associations d'idées, humour déplacé, grossièreté ;
- perte du sens des convenances, de la nature de situations sociales polies ;
- hédonisme effréné, contact sans retenue, oubli des conventions ;
- dépendances (toxiques, jeux, dynamique de groupe).

3 Urgence psychiatrique

Il existe une forme (rare) très dangereuse d'agitation agressive et violente : souvent combinée à un délire, avec adhésion totale du malade à ce délire, empêchant son autocritique, sans conscience de son exaltation, sans contrôle de ses gestes asociaux, avec minimisation ou inconscience des conséquences.

4 Traitement, évolution

- Thymorégulateurs.
- Psychothérapies de cadrage, mais difficiles en crise d'excitation.
- Surveillances du risque suicidaire quand retombe l'exaltation.
- Régulation du sommeil, de l'appétit et de l'hydratation.
- Lutte contre les risques d'addictions associées, qui infléchissent négativement le pronostic : la dépendance à l'alcool et à des toxiques est facteur de co-morbidité, aggravant le pronostic.

5 Troubles bipolaires

Succession cyclique de moments alternés d'épisodes dépressifs et d'épisodes maniaques.

115 Processus psychopathologiques — UE 2.6

UE 2.6

MÉMO

116 Conduites suicidaires

Une personne est :
- *suicidaire : manifestant en paroles et en actions l'intention de se suicider ;*
- *suicidante : qui a survécu à sa tentative de suicide ;*
- *suicidée : qui est décédée lors de sa tentative de suicide.*

1 Épidémiologie

- En France : 120 000 tentatives de suicide par an et 12 000 décès par suicide, soit 10 % de suicidés. Le suicide est :
  - la 9e cause de décès (toute population confondue) ;
  - la 2e cause de décès chez les 14-24 ans ;
  - la 1re cause de décès chez les 24-35 ans.

  Le nombre de suicides d'enfants est en augmentation.
- Modes de tentatives de suicide les plus courants : IMV (en général aux benzodiazépines), phlébotomie, pendaison, défenestration, armes à feu (surtout chez les hommes), noyade (surtout chez les femmes).
- Décès les plus fréquents par pendaison (43 % des cas), arme à feu (23 %).
- 30 à 40 % des suicidants récidivent.
- Deux tranches d'âge à haut risque : 15-24 ans et plus de 60 ans.
- Le taux de réussite des tentatives augmente avec l'âge.
- Le risque en cas de dépression est multiplié par 25 par rapport à la population.
- L'alcoolisme et la toxicomanie augmentent le risque.
- Pathologie des schizophrénies : un patient sur deux fait une TS, 10 % des malades décèdent par suicide (en début, la TS est incluse dans le syndrome délirant, chez les malades chroniques la TS est liée à la dépression).
- Pathologie mélancolique avec sentiment de destinée inéluctable.
- Pathologies névrotiques :
  - dans un syndrome hystérique, avec revendication affective (chantage) ;
  - dans les névroses obsessionnelles, la TS peut être passage à l'acte de soulagement.

116 Conduites suicidaires

MÉMO SUITE

UE 2.6

2 L'enquête

L'enquête avec le suicidaire ou le suicidant, porte sur les antécédents psychiatriques et médicaux (personnels mais aussi familiaux), les circonstances de survenue du trouble et les facteurs déclenchants (traumatisme, intoxication, contexte).

3 L'examen

L'examen considère :
- la présentation : agitée, excitée, morne, négligée ;
- l'état de conscience : vigilance, orientation temporo-spatiale, angoisse, inhibition ;
- les troubles de la pensée : délire, hallucinations, onirisme, apragmatisme ;
- l'humeur : peurs, euphorie, mélancolie, détermination ;
- l'étiologie organique : recherche systématique de signes généraux, signes neurologiques, signes d'intoxication aiguë ;
- les signes d'équivalents suicidaires : comportements à risques vitaux dans la grande vitesse, l'alcoolisation, la toxicomanie, le refus de soins, le refus alimentaire, les situations extrêmes mal contrôlées (provocation du sort), l'isolement ou la liesse et la débauche, etc. ;
- les signes de rupture par rapport au comportement habituel de la personne avec :
  - expression de crise aiguë par impasse de choix existentiels,
  - sensation de stress, de « *burn-out* », de dépassement,
  - impuissance à endiguer les émotions douloureuses,
  - sensation d'implacable destinée, d'échec malgré des efforts fournis en vain,
  - notification d'un geste symbolique(cause personnelle ou politique),
  - notification d'un geste de destinée inscrit dans un délire (fin du monde, rédemption, voyage cosmique, suicide collectif organisé en secte…),
  - consommation et recours excessif aux médicaments, à l'alcool, aux drogues.

4 Urgence préventive TS

- Détermination du suicidant (rumination, programme, proximité des moyens).
- Désespoir, isolement, dévalorisation et culpabilité.
- Avertissements (querelle, lettre, vengeance, démarche…).

117 Perversion

MÉMO

UE 2.6

Le malade pervers souffre de pathologie narcissique : il est autocentré, il cherche à tirer profit des situations qu'il organise à son avantage, se soucier des règles de la vie collective, dont il s'arrange en les contournant.
Son discours « fait de l'embrouille », sans engager réellement l'auteur. Le pervers narcissique « n'a pas de parole » ; malheur à qui se fie à ses dires.

1 Mécanisme

- La normalité est le meilleur déguisement du pervers. D'apparence aimable et serviable, il aliène autrui, l'utilise.
- Il exploite volontiers les fragilités psychologiques ou sociales de ses victimes en jouant de leurs faiblesses, de leur crédulité, de leur dependance. Par le jeu de promesses et gratifications faciles, il donne l'illusion qu'il représente un appui fiable.
- Manipulateur, le pervers place l'autre au service de son seul plaisir.
- Il vampirise sa victime : une fois créé le lien, il vit en extorquant l'énergie vitale de sa victime, qu'il pousse à bout. Il la conduit à la dépression, à la démission professionnelle, au divorce, à la lutte interminable pour la garde des enfants, parfois au suicide : il pompe, il use.
- Le pervers est un « bourreau roucoulant », amoral (Surmoi inconsistant), trompeur.

2 Étiologie

- En étant enfants, les malades ont connu l'éducation par la loi, d'où l'apparence de normalité. Mais ils n'ont jamais réellement intégré le principe de celle-ci (castration par le symbolique) :
  - pour eux la loi et l'organisation sociale ne sont jamais prises au sérieux ;
  - on peut jouer avec, et même s'en jouer.
- Fascinés par la nécessité de leur jouissance absolue et continue (principe de plaisir), ils concèdent simplement à la loi de réguler leur pulsion pour donner le change, pour faire durer le temps « suspendu » à l'avancée de la séduction (durée du charme, dans le merveilleux).

117 Perversion

MÉMO SUITE

UE 2.6

③ Dangerosité pour autrui

- En profondeur envahis par leur pulsion de mort, les malades pervers détruisent, n'échangent pas réellement, ne partagent pas sous la régulation de la loi.
- Avides de réplétion absolue personnelle, ils dénient à l'autre les caractéristiques de son existence indépendante : ils le vampirisent jusqu'à le réduire au statut d'objet utile.
- Appâtée avec des promesses enjôleuses, la victime « se donne » corps et âme jusqu'au point de non-retour. Elle subit passivement son sort, en évitant de douter du bien-fondé de la pseudo-protection par son bourreau.
- Mise en état de dépendance, la victime se voit peu à peu vidée psychiquement parce que le « protecteur » martèle mieux savoir ce qui lui convient et prétend penser à sa place. Jamais encombré d'émotions qu'il n'éprouve pas, froid et cynique, le pervers fait porter à autrui la responsabilité de « ce qui ne marche pas » qu'en douce il détruit lui-même.

Ainsi la victime est amenée à s'accuser de la faute.

④ Faiblesse de fond

- Le dénigrement systématique du partenaire sert à auto-justifier la prétendue suprématie de soi.
- La faiblesse structurelle oblige le malade à une rigidité psychologique : faire croire en sa puissance pour masquer sa fragilité ; refuser l'apport extérieur pour ne pas se mettre en danger.
- S'il est pris à son jeu, le pervers inverse les situations (il « retombe vite sur ses pattes ») : se fait alors passer pour victime de ceux auxquels il prétend avoir tant sacrifié de ses propres intérêts, soi-disant pour les aider. Il réclame réparation.
- Ne se remet pas en cause, puisqu'à ses yeux, l'autre, la société, les règles, doivent être à son service.

UE 2.6

MÉMO 118 Démences

Les syndromes démentiels correspondent à une maladie s'aggravant inexora-blement, même s'il existe parfois quelques périodes de rémission.

La déficience mentale devient de plus en plus invalidante pour la personne vieillissante, a fortiori dans notre société technocratique et bureaucratique (qui sollicite des compétences friables).

1 Processus menant à l'amoindrissement à la dépendance

➤ Alarmes

- Oublis (de mémoire immédiate), mauvaises interprétations de situations pourtant habituelles, inquiétude devant un changement, inhibition par perte de confiance en soi, demandes pour se rassurer, répétition de souvenirs anciens, opérations simultanées de plusieurs domaines moins bien réalisées.
- L'entourage se doit de contrôler *a posteriori* le comportement.

➤ Décalage

- Les écarts se creusent avec la normalité et avec l'habitude. L'identité change : période d'anxiété, d'agressivité ou d'auto-agressivité, sentiment d'impuissance.
- Affaiblissement des opérations cognitives d'encodage (information transfor-mée en base mémoire) et de récupération (accès à la trace et restitution de l'information).
- L'entourage est en alerte fréquente, il tente de (se) rassurer par un contrôle préventif et des recommandations (fais attention à, n'oublie pas de, pense à...).

➤ Subordination

- Les malades tentent de compenser, de donner le change.
- Mais la vie quotidienne est subordonnée à l'aide de quelqu'un. L'accompa-gnement vise à faire utiliser les aspects de la personne qui « tiennent » : il faut continuer à faire profiter de sa présence, de la vie affective, de ce qui reste des relations et des expressions.
- L'entourage est réquisitionné en permanence, il corrige, il compense les défaillances. Il court le risque de fatigue et de *burn out*.

118 Démences

SUITE

UE 2.6

➤ Dépendance

• Perte de tout repère, l'expression ne suit plus l'intention, l'identité disparaît, la personnalité autonome s'effondre définitivement. Le malade et son accompagnement deviennent une dyade interdépendante.

• La dépendance du malade et la contre-dépendance des aidants sont très difficiles à vivre dans la durée.

② Syndrome global de la détérioration mentale

• Dépendance aux autres progressive.
• Tentative d'établir un lien fusionnel avec les proches.
• Pertes cognitives remarquées assez tôt par l'entourage.
• Perte de la fluidité verbale, puis de la communication symbolique.
• Indétermination devant un choix, même simple, avec perplexité.
• Apraxies (même les gestes innés élémentaires de survie).
• Troubles du déplacement, défaillances d'équilibre, puis chutes.
• Déshydratation, malnutrition, négligence d'hygiène.
• Troubles de l'humeur, avec agacement, impatience, puis intolérance ou apathie morne.

③ Syndrome pour la maladie d'Alzheimer

La plus fréquente des démences, maladie évolutive actuellement incurable.

➤ En phase commençante

• Moments d'amnésie (surtout sur mémoire immédiate).
• Agitation avec brusques levers, démarrage et déambulation accélérée sans destination.
• Désorientation temporo-spatiale, malaise et inquiétude de ne plus s'y retrouver, de ne plus être sûr du trajet habituel, perte de repères, difficulté à penser abstraitement un parcours.
• Apparition d'agnosie et d'apraxie : difficultés à penser et à agir dans toute situation nouvelle, perte de fiabilité en conduite automobile, achats malaisés (comparaison des prix et estimation du rendu de monnaie embarrassées).
• Lenteur idéelle et expressive. Irritabilité, anxiété, méfiance inquiète.

118 Processus psychopathologiques

UE 2.6

118 Démences

- Périodes de retour de lucidité.
- Maintien des automatismes (toilette, repas simple, courses, réunions...).

➤ **En évolution négative**

- Accroissement des déficits cognitifs, manque de réactivité.
- Aphasie.
- Agitation (surtout le soir), parfois violence verbale, exhibition...
- Somnolence (de jour), apathie.
- Humeur acariâtre (sentiment de préjudice, agressivité en retour, irritabilité).
- Fugues (fuites réfléchies pour quitter un lieu contraignant ou fuite irréfléchie devant de soudaines contraintes et de l'agression).
- Errance (perte totale du repérage, du chemin de retour).
- Trouble ou disparition des automatismes (laisser aller, oubli d'argent, oubli du sac, paiement impossible).
- Déficiences physiques de la marche, des gestes quotidiens, de la déglutition.

4 Impératif éthique

- Les démences sont une maladie. Le malade soigné doit recevoir le respect dû à sa dignité d'être humain, *a fortiori* dans sa position faible et invalide.
- Frein à l'involution : échanger beaucoup (les visites, mais aussi l'encadrement soignant) pour que les symbolisations continuent à dresser un cadre à l'identité, une image de soi.

➤ **Surveillance**

Les TS sont fréquentes chez les personnes âgées, dès lors qu'un épisode malheureux :
– vient actualiser une tendance dépressive ;
– précipite la conscience de l'existence dépendante jugée sans valeur.

MÉMO

119 Dépendance aux toxiques

UE 2.6

1 Étiopathogénie

La dépendance tente de compenser une défaillance psychologique grave :
– vécu de carences affectives ;
– vécu de violence subie ;
– vécu du recours par les proches à des expédients ou intoxications (alcool, drogue, fanatismes...)

➤ Psychologie

Phénomène de clivage psychique. On sait se détruire, mais on ne veut pas savoir y remédier :
– tendance à la passivité, à la recherche de protection, immaturité ;
– égocentrisme, narcissisme élevé, peu de tolérance aux frustrations ;
– traits de forfanterie mais absence de confiance en soi, estime de soi faible ;
– anxiété, irritabilité, colère ;
– hyperémotivité et troubles de l'humeur avec phases dépressives ou agressivité ;
– ralentissement intellectuel, peu de concentrations, oublis, inconstance ;
– perturbations des relations sociales, avec perte de fiabilité et de crédit.

➤ Évolution

Les soins associent pharmacopée et psychothérapie. Mais la dépendance, même correctement traitée, fait toujours courir le risque d'une rechute (fragilité personnelle, sollicitation sociale, milieu peu porteur, moment dépressif, événement déclencheur).

2 Alcoolisme

• En France, on compte deux millions de dépendants alcooliques (cinq millions de personnes ont une consommation excessive d'alcool, notamment les hommes de plus de 40 ans) :
– l'alcoolisme est la troisième cause de décès ;
– boire de l'alcool est culturellement très connoté ;
– l'alcool est à l'origine de 40 % des accidents de la circulation, de 20 % des accidents du travail, de 20 % des hospitalisations en milieu psychiatrique ;

119 Processus psychopathologiques   **UE 2.6**

Dépendance aux toxiques

- un malade mental hospitalisé sur cinq est alcoolique ;
- possibilité de *delirium tremens* (DT) ou d'encéphalopathie de Gayet-Wernicke : avec carence en vitamine B1, état sub-confusionnel, troubles digestifs, céphalées, vertige, tachycardie.
- séquelles : démence, syndrome de Korsakoff, décès fréquent.
- Les soins de l'alcoolisme doivent se déprendre des représentations sociales souvent ironiques et insultantes (tradition).

❸ Pharmacodépendance

- Les psychotropes modifient le fonctionnement psychique, en agissant sur les cellules du système nerveux central : effets sur les perceptions, l'humeur, la conscience, le comportement, les rapports au corps, les relations.
- De nombreuses substances toxiques sont interdites.

➤ Épidémiologie

- Les trois quarts des drogués sont des hommes, avec un pic entre 20 et 25 ans.
- En France, on compte plus de 150 000 toxicomanes.
- Il y a augmentation de la consommation en milieu lycéen et étudiant, ou milieux à précarité économique.
- L'usage du cannabis et de l'héroïne se répand chez les jeunes.
- La mode est aux mélanges d'alcool et de drogues.

➤ Les substances interdites (France)

- Héroïne et opiacés (psycholeptiques) par injection (IV) pour recherche de plaisir intense (« *flash* ») et « lune de miel », où disparaissent les réalités et leurs aspérités :
- le manque survient huit heures plus tard, avec altération des facultés intellectuelles, hypotension, passivité, nausées, vomissements ;
- l'intoxication chronique provoque : myosis ; dénutrition, infections ; abcès aux points d'injection ; hépatites virales ;
- complications pulmonaires ;
- manque douloureux insupportable : douleurs abdominales et des membres ;
- frissons, tremblements, vomissements ; confusion.
- Cannabis (psycholeptiques) : fumé en résine (haschich), en herbe (marijuana, kif).

119 Dépendance aux toxiques

MÉMO SUITE

UE 2.6

- Cocaïne (psychostimulants) : extrait de feuille de coca, « sniffé » (inhalé) ou injecté (IV) :
- sous forme « crack » : mélange de chlorhydrate de cocaïne et de bicarbonate, forme fumée qui se répand depuis une quinzaine d'années ;
- exaltation rapide et sentiment de facilité euphorique : suivent l'irritation, la dépression, l'angoisse et l'obsession de retrouver l'exaltation ;
- à terme, troubles physiques de respiration forte, rythme cardiaque élevé, crachement de sang, convulsions. Risque de décès élevé.
- Ecstasy (psychostimulants) : fort stimulant (psycho-analeptique) excitant les domaines intellectuels et psychomoteurs :
- à terme, importants troubles somatiques (appareil nerveux, digestif, sommeil...) ;
- psychose amphétaminique : délire d'interprétation, persécution, jalousie (forme paranoïaque).
- LSD (hallucinogènes), kétamine, Spécial K (hallucinogènes).

➤ **Évolution**

- La toxicomanie est affaire de santé et de délinquance.
- La loi du 31 décembre 1970 donne le choix :
- subir les sanctions pénales ;
- suivre un traitement (injonction thérapeutique) par cure de sevrage, traitement médicamenteux (avec sédatifs, neuroleptiques et vitamines B1, B6 et PP) et psychothérapie (individuelle de soutien ou de groupe et systémique).

119 Processus psychopathologiques

UE 2.6

MÉMO

UE 2.6

120 Psychopathologie et petite enfance

Le développement de l'enfant, puis la construction de la personnalité au moment de l'adolescence, sont affectés et troublés par des émotions qui ne sont pas normalement régulées par la symbolisation. Dans ces cas, un « traumatisme pathogène » marque le psychisme.

Conséquences possibles du traumatisme :
– une « fixation » (tel un abcès), empêchant que la progression se fasse normalement ;
– un dysfonctionnement des conduites de l'enfant ou de l'adolescent.
Pour aider – voire soigner – des enfants ou des adolescents en difficulté de développement de personnalité ou déjà en déshérence sociale, s'est imposée courant XXe siècle, une psychopathologie infanto-juvénile.
Celle-ci fait suite aux préoccupations de médecins, d'hygiénistes, de pédagogues, qui remontent loin à propos d'enfants loups, d'enfants des peuples primitifs, d'enfants sauvages, puis bénéficient de la science.

1 Dans le passé

- La science du XIXe siècle a tenté de fixer des notions :
  – les idiots ont l'incapacité innée à combiner des idées communes ;
  – les imbéciles ont une faiblesse des acquisitions ;
  – les débiles mentaux souffrent de faiblesse du système nerveux et du psychisme.
- À la fin du XIXe, Désiré Bourneville installe une organisation institutionnelle pour s'occuper des enfants idiots des asiles. Naissent pour ce faire des sections adaptées au potentiel intellectuel et aux troubles respectifs des enfants et adolescents. Dirigée par un médecin en accord avec des pédagogues, elles profitent les instituts médico-pédagogiques, les instituts médico-professionnels et les centres d'aide par le travail qui naîtront au milieu du XXe siècle. Bourneville pousse à l'instauration d'une loi qui aiderait les enfants placés en asile à perfectionner leur scolarité dans des classes adaptées.
- Mais le psychologue Alfred Binet invente de son côté une modalité de mesure du quotient intellectuel (le QI), qui favorise les « normaux » et condamne les asilaires à rester à la marge de l'instruction : les « classes de perfectionnement », où sont regroupés les QI faibles, sont le délestage de l'École et ne joueront jamais leur rôle de promotion des ratés du système.

MÉMO
120 Psychopathologie et petite enfance
SUITE

UE 2.6

- **Georges Heuyer**, psychiatre, est le premier à introduire dans les institutions pour jeunes les références théoriques de la psychanalyse freudienne. Il oriente les méthodes médico-éducatives vers une meilleure prise en charge des problèmes personnels des enfants et des adolescents.
- Le vaste domaine de « l'enfance inadaptée » s'organise dans les années 1955-1970. Les idées psychanalytiques ont profondément pénétré les milieux de la psychopathologie et ceux de la rééducation. Elles insistent sur le parcours psychodynamique du jeune, qui doit résorber les « dysharmonies » constatées sur les plans cognitif, affectif et social.
- Le psychiatre psychanalyste Roger Misès inspire un grand nombre d'équipes médico-sociales et pédagogiques qui, pour aider, donnent du sens à la présence de l'enfant en institution et à sa prise en charge éducative.

❷ Psychopathologie de la petite enfance

Les connaissances récentes de la psychanalyse, celles des psychologies génétique et cognitive se combinent pour modéliser les irrégularités du développement.

➤ Étiologie : facteurs biologiques

- Anomalies chromosomiques.
- Infections néonatales et embryopathies.
- Intoxications.
- Anomalies cérébrales.

➤ Facteurs indirects

- Les réflexes neuromoteurs du bébé ne sont pas relevés par un relationnel pauvre et passif.
- L'échange affectif est rare et morne. Il y a peu d'interaction par carence d'échanges : dépression rapidement observable chez le nourrisson.
- Pas de rééquilibrage confortable après un manque ou un inconfort (pas de « résilience »). L'échec conduit à la dépression.
- Un syndrome de carence existe quand le lien ne se fait pas : le lien social sera toujours fragile et mal défini aux yeux du jeune, constamment en danger de rupture (*cf.* les « états limites » en particulier chez l'adolescent et chez le jeune adulte).

120 Processus psychopathologiques

UE 2.6

Psychopathologie et petite enfance

- René Spitz a décrit le syndrome négatif de « l'hospitalisme » : la séparation prolongée mère-bébé produit des réactions de détresse (alternance de colère et de tristesse) qui installe ensuite de l'indifférence et de l'apathie.
- Aldo Stern a décrit (1995) les diverses manières qu'a le nourrisson d'être avec une mère déprimée ne répondant pas à son attente. Le visage devient moins expressif, sa posture est moins tonique, son activité se réduit.
- Mérycisme : vers le second semestre des vomissements répétés sans cause somatique : le bébé « vomisseur » manifeste un refus et un rejet à l'occasion d'événements venus perturber ses relations.
- Le contexte de la naissance surdétermine les conditions affectives de la tétée (enfant voulu ou non, genre de l'enfant, histoire familiale, etc.) : « blocages affectifs », signes d'un désaccord profond entre les géniteurs et le nouveau-né.
- Au cours des premiers temps, spasmes du sanglot et troubles du sommeil, eczéma ou pelade doivent attirer l'attention sur le complexe relationnel familial et sur la mauvaise qualité affective des conditions d'élevage : bébé mal dans sa peau.
- Certains contextes ne jouent pas la fonction de dialogue et laissent la gestuelle :
  – passive : peu de tonus (atonie), pas de vigilance, pas de spontanéité ;
  – ou sans orientation : pas d'attention fixée, incoordination, instabilité.

MÉMO

121 Psychopathologie et enfance

UE 2.6

L'orientation temporo-spatiale, le schéma corporel, les facultés intellectuelles, l'image du corps et les relations avec autrui ou les institutions sociales peuvent être dégradés par des expériences traumatisantes de l'enfant.

1 Déficience intellectuelle

- 3 % de la population générale des jeunes souffrent de déficience intellectuelle (avec davantage de garçons).
- La déficience est mesurée par des tests psychologiques d'efficience, qui sont étalonnés sur les performances intellectuelles de la population normale.
- En fait, la majorité des faiblesses provient d'une dysharmonie de facultés : ces dernières sont mal utilisées, mal combinées, quand l'espace-temps et le schéma corporel de l'enfant sont embrouillés.

2 Insuffisances cognitives

- Elles correspondent en majorité à des difficultés (ou impossibilités) à :
- – trier les signes et de conserver le résultat du tri en mémoire ;
- – séparer formes et fonds ;
- – résister à la séduction des contagions par le proche et le ressemblant (« transitivisme »).
- Le manque de confiance, le sentiment d'échec et l'anxiété produisent la peur de mal faire, peur de décevoir et l'inhibition scolaire.

3 Principales manifestations de déséquilibre au cours de l'enfance

- Syndrome psychomoteur : tonus élevé, crispation, maladresses, dyspraxies, hyperkinésie.
- Instabilité, fuite, colères sont des réactions maladroites de compensation.
- Agression (davantage chez le garçon) : tentatives brouillonnes pour se valoriser ailleurs que dans les circuits scolaires (petite délinquance, désordre, oppositions « caractérielles » aux adultes).
- Tics : petits mouvements involontaires, rapides, répétés ou impulsions symétriques (éphémères).

121 Processus psychopathologiques

UE 2.6

Psychopathologie et enfance

- Inhibition psychomotrice :
– par hyper-contrôle : état de tension forte, le sujet est crispé, lent, raide ;
– par suspens de l'initiative au moment du déclenchement du geste : hiatus entre l'intention et l'acte, le sujet est bloqué.
- Répétitions : onychophagie (ongles), trichotillomanie (cheveux), balancements sont des conduites « régressives ».
- Troubles du langage, de l'articulation, de la parole, bégaiement, dyslexie, dysorthographie.
- Après six ans, les défauts de langage risquent d'amorcer avec l'environnement (famille, camarades) une spirale négative : humiliation, dévalorisation, conflits.

▶**Troubles envahissants du développement (TED)**

La régularité du développement d'un jeune enfant peut être compromise par des troubles qui surviennent dans les interactions sociales, la communication, la représentation de soi.
- Autisme : altération précoce des capacités intellectuelles, de la communication et du comportement. L'enfant ne parvient pas à construire et à stabiliser une réalité et donc à en échanger les éléments avec autrui.
Il se réfugie dans des stéréotypies, qui sont médiocrement adaptatives.
Le jeune autiste a souvent peur de l'autre : il conserve un angélisme d'ouverture à autrui mais il est très déstabilisé par le contact, dont il craint aussitôt le danger invasif. Une médication peut apaiser l'anxiété, sans toutefois ralentir l'enfant. Les autistes sont très rarement agressifs, même s'ils sont violents, agaçants, auto-mutilants ou destructeurs.
- Comportement transgressif de limites : fugues, vols, agressions, jeux risqués, suicides.
La question de l'origine de l'autisme est actuellement très débattue, ainsi que celle des traitements adaptés (pharmacopée ou psychothérapie).

122 Psychopathologie et adolescence

MÉMO

UE 2.6

L'adolescence provoque d'immanquables conflits psychologiques internes et/ou avec la société, crises habituellement dépassées ; mais il existe des amplitudes graves ou des séquelles psychopathologiques.

1 Quatre faisceaux pathologiques (Daniel Marcelli)

- L'adolescence évitée : la problématique adolescente fait peur, l'enfant se maintient en obéissance zélée et passive aux adultes, prolongeant son état d'enfance.
- La non-observance : absences, oublis, interruptions, dé-liaisons... autant de négations des contraintes de réalité.
- La dépression : estime de soi détériorée et esprit négatif, pratiques sexuelles outrancières ou prostitution volontaire, suppression de soi responsable, fatalisme cynique.
- La rupture : avec négativisme radical par suicide à répétition, fugues, bagarres, délinquance, produits interdits, grossesse précoce, posture revendiquée de la marge et de l'antisocial.

2 Principales manifestations

A Fugue

- Répandue chez l'adolescent(e) (30 000 cas/an). Parfois prolongées, avec de nombreuses récidives.
- Façon de couper une tension conflictuelle trop intense avec un groupe de pression (famille, institution, pairs), « passage à l'acte » quand l'échange symbolique, le dialogue, apparaît impossible. Aller ailleurs et espérer ouvrir un registre nouveau pour rétablir le dialogue.

B Vol

- Délit fréquent (davantage garçons), augmente avec l'âge.
- Conduite de transgression pour s'affirmer, il est un défi aux règles, à l'ordre, aux conventions, un appel à reconnaissance.

122 Processus psychopathologiques

UE 2.6

Psychopathologie et adolescence

C Conduites agressives

- Elles ne sont normalement qu'épisodiques. En revanche, l'agressivité peut s'installer comme mode systématique d'expression et de réaction : situations anormales pathologiques ou antisociales.
- L'agressivité en solitaire :
- contre les personnes (maltraitance des parents, lien passionnel étroit avec sa mère, parfois violence sexuelle ou physique sur des proches si personnalité limite ou accès psychotique) ;
- avec emprise sur jeunes ou faibles rackettés, persécutés, ou viol impulsif ;
- conduites meurtrières rares chez les adolescent(e)s, sauf accès psychopathe.
- L'agressivité en bande : vandalisme, viols collectifs, petite délinquance.

D Conduites suicidaires

- Les garçons suicidés sont plus nombreux que les filles, mais les TS sont plus fréquentes chez les filles : les garçons sont plus radicaux lorsqu'ils décident de se supprimer.
- Récidive : les TS sont répétées.
- Les TS se font surtout avec :
- problématique du corps, notamment en phase dépressive de la boulimie ;
- impulsivité et faible tolérance à la frustration ;
- pathologie de type « état limite » ; psychose.
- Déjà fragile, l'adolescent en crise « encaisse mal » des événements traumatiques (drames familiaux, deuil, échecs, isolement) ou des prises de toxiques.

E Troubles du comportement alimentaire

➤ **Anorexie mentale**

- Essentiellement chez les jeunes filles (90 % des cas d'anorexie sont féminins) avec triade symptomatique :
- amaigrissement ;
- anorexie ;
- aménorrhée.
- Le mécanisme de défense psychique utilisé est le déni : l'anorexique ne reconnaît pas la gravité de son état, minimise sa pathologie et refuse les attentions de son entourage alarmé.
- Pathologie narcissique grave : son narcissisme devient plus fort que la réalité ; il « irréalise » tout, y compris les échanges vitaux basiques avec troubles endocriniens (hormones thyroïdiennes et ovariennes à niveau bas), sexualité non investie et physiopathologies.

122 Psychopathologie et adolescence

MÉMO SUITE

UE 2.6

• L'anorexique garde un sentiment d'autonomie et de contrôle sur soi et sur son environnement, tout en maintenant un lien étroit de dépendance/contre-dépendance avec l'entourage désemparé.

➤ Boulimie

• Forme compulsive d'ingestion alimentaire, par excès, avec vomissements systématiquement provoqués ensuite. Il n'y a pas nécessairement surpoids (obésité).

• La boulimie est plus fréquente chez les jeunes femmes, mais elle existe aussi de façon significative chez les hommes jeunes.

• Face au manque (de quoique ce soit), il faut compulsivement « se goinfrer », « compenser », avec la sensation de rattraper par un trop plein, de manger le creux dépressif du manque.

• Ritualisation de cette conduite du remplissage abusif : l'absorption vorace de nourriture, suivie du vomissement, ne fait pas plaisir. C'est la sensation du goulu et du dégueulé qui prime.

Après le vomissement, la honte et la chute de l'estime de soi conduisent à l'état dépressif, avec parfois conduite suicidaire.

MÉMO

UE 2.6

123 Psychothérapies

N'est pas psychothérapique le soin somatique, centré sur le corps, outillé de techniques, qui intègre les moyens modernes de la biochimie, la pharmacologie, l'électrophysiologie, la microchirurgie...

1 Sont psychothérapiques...

- Le soin psychologique : il porte sur les remaniements de la personnalité (approche globale de l'identité, du comportement et des relations sociales).
- Le soin psychique : il porte sur les remaniements du matériau mental (images et symboles) qui est à la base des représentations et de la connaissance (consciente et inconsciente).

▶ Mécanisme

Au cours d'échanges interactifs entre patients et psychothérapeutes, les émotions, les sentiments, les pensées (consciente et inconsciente) « travaillent » les traumatismes psychiques, font évoluer les représentations pour dépasser blocages, inhibitions, idées sur soi ou autrui, conduites inadaptées (compo-santes des « complexes »).

2 Au fondement des psychothérapies

- Les psychothérapies « analytiques » : cures de psychanalyse, ou variantes qui s'en inspirent.
  Objectif : modifier le rapport que la personne entretient avec ses idées inconscientes (désirs refoulés), censure, mécanismes de défense).
  Moyen : travail psychique interne d'abord, via le transfert affectif du patient envers le thérapeute ; ayant dans un second temps des répercussions sur la personnalité et ses comportements.

- Les psychothérapies « cognitives » : partent du constat que la situation de dysfonctionnement mental correspond à des formes de raisonnement illogique chez les patients (pensée dichotomique, généralisation abusive, inférence arbitraire, abstraction sélective...).
  Objectif : redresser les défauts de cognition.

MÉMO 123 Psychothérapies

UE 2.6

SUITE

Moyen : prise de conscience des biais de raisonnement et de représentation, des erreurs d'appréciation des situations ; aide à trouver une clé pour utiliser des pensées alternatives.

• Les psychothérapies « cognitivo-comportementales » : agissent sur les gestes et conduites.

Objectif : déconditionner les réactions mal appropriées aux circonstances et éprouvantes.

Moyen : aide à un meilleur contrôle des situations (remaniement cognitif) ou nouveau conditionnement (moins éprouvant).

• Toutes les psychothérapies requièrent la mobilisation affective et intellectuelle du patient. Leur couplage avec les thérapies somatiques apporte les conditions indispensables à leur exercice (mais le matériau psychologique et psychique du patient doit rester disponible).

❸ Psychothérapeute

• Recours de l'être souffrant, témoin du mal-être intime et parfois unique interlocuteur reconnu, le psychothérapeute tente d'aider à exprimer ce que vit la personne, dans la complexité d'un ressenti et un enchevêtrement de causalités plus ou moins identifiées. Il aide à la parole authentique.

• La population demande aujourd'hui aux psychothérapeutes un soutien psychologique dans ses difficultés à vivre : crises identitaires, malaise existentiel.

• Les démarches vers les psychothérapies portent sur :

– troubles fonctionnels du sommeil, de l'alimentation, du comportement ;

– recours ou addictions à des toxiques de compensation (drogue, alcool, substituts...) ;

– dépression, détresse, solitude, sentiment d'échec ;

– impression de perdre son authenticité sous les sollicitations et contraintes de la vie sociale et productive (devoirs familiaux, professionnels, scolaires, civiques...).

• Le mal-être par dérégulation ne conduit pas pour autant à la maladie mentale. Une relation apaisante avec son psychothérapeute, parfois étayée sur un anxiolytique, aide à reprendre une meilleure hiérarchie des valeurs, à mieux « gérer » l'économie énergétique du système personnel aux prises avec l'existence et ses conflits habituels.

123 Processus psychopathologiques

UE 2.6

124 Structural and nervous system

1 Human body

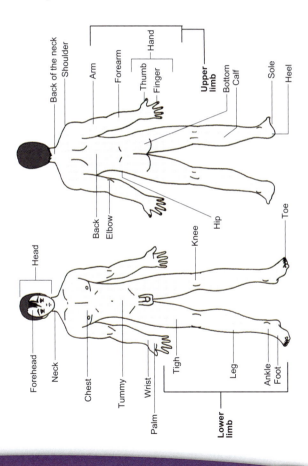

124

MÉMO SUITE

Structural and nervous system

❷ Skeleton

Back

- Cervical vertebrae
- Scapula
- Humerus
- Hip bone / iliac bone
- Sacrum
- Pubis
- Ischium
- Calcaneum / Heel bone
- Spine

Front

- Skull
- Jaw
- Clavicle
- Sternum
- Ribs
- Radius
- Ulna
- Carpus
- Phalanges
- Femur
- Patella
- Fibula
- Tibia / shin
- Tarsus
- Phalanges
- Metacarpus
- Metatarsals

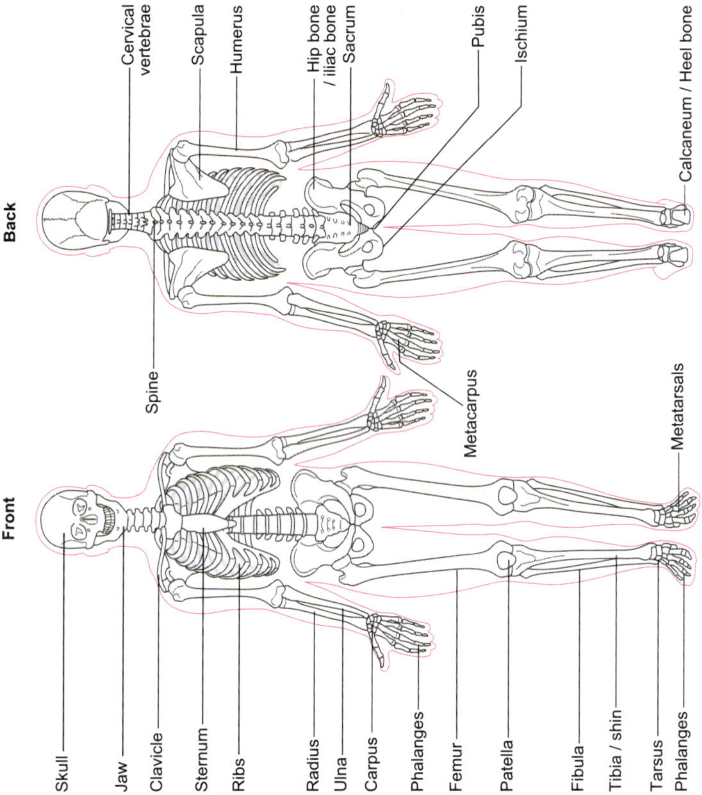

124 Structural and nervous system

UE 6.2

③ Nervous system

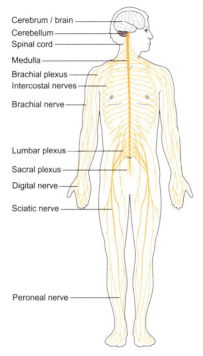

125 Circulatory and respiratory systems

① Circulatory system

125 Circulatory and respiratory systems

UE 6.2

❷ Heart

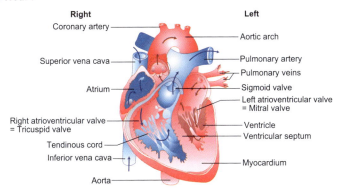

❸ Respiratory system

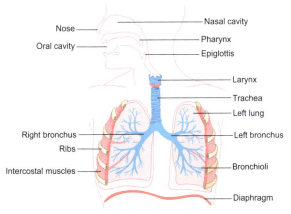

MÉMO

126 Digestive and urinary systems

UE 6.2

❶ Digestive system

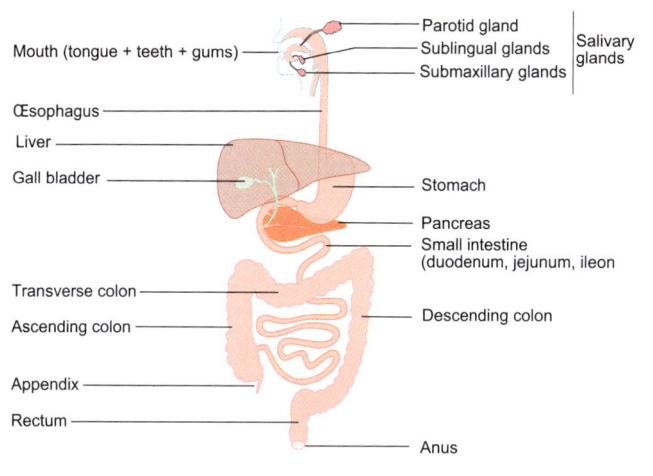

Mouth (tongue + teeth + gums)
Parotid gland
Sublingual glands
Submaxillary glands
Salivary glands

Œsophagus
Liver
Gall bladder
Stomach
Pancreas
Small intestine (duodenum, jejunum, ileon
Transverse colon
Ascending colon
Descending colon
Appendix
Rectum
Anus

❷ Urinary system

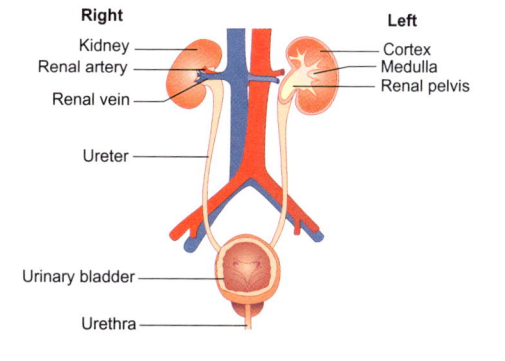

Right

Kidney
Renal artery
Renal vein
Ureter
Urinary bladder
Urethra

Left

Cortex
Medulla
Renal pelvis

MÉMO 127 Sensitive systems — UE 6.2

1 Eye and vision

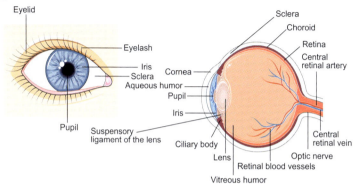

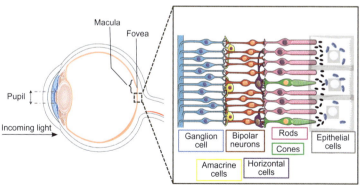

Sensitive systems

② Auditory system

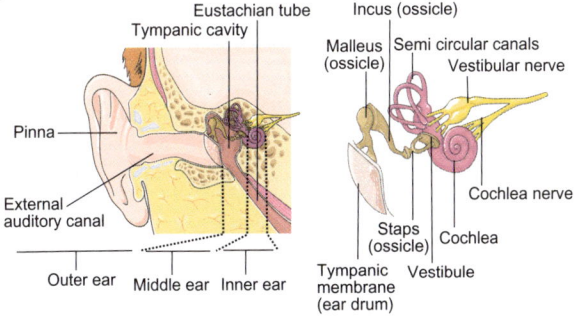

Eustachian tube
Tympanic cavity
Incus (ossicle)
Malleus (ossicle)
Semi circular canals
Vestibular nerve
Pinna
External auditory canal
Cochlea nerve
Staps (ossicle)
Cochlea
Tympanic membrane (ear drum)
Vestibule

Outer ear | Middle ear | Inner ear

③ Olfactive system

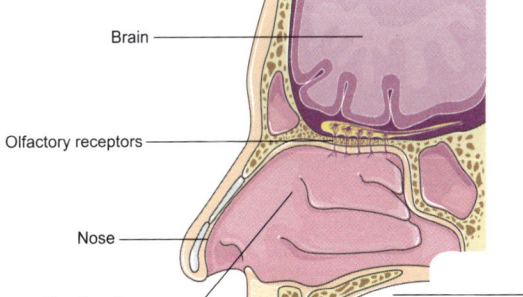

Brain

Olfactory receptors

Nose

Nasal cavity

Oral cavity

127 Sensitive systems

4 Skin

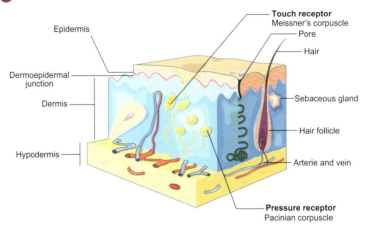

5 Mouth

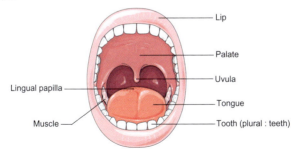

128 Endocrine and reproductive systems

UE 6.2

❶ Thyroid gland

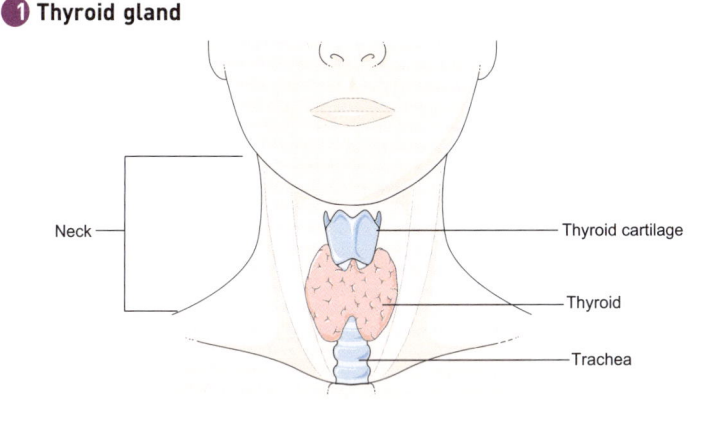

- Neck
- Thyroid cartilage
- Thyroid
- Trachea

❷ Kidney and suprarenal gland

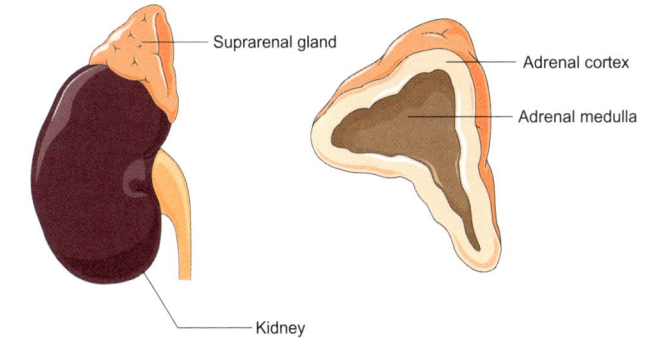

- Suprarenal gland
- Adrenal cortex
- Adrenal medulla
- Kidney

128 Endocrine and reproductive systems

UE 6.2

3 Male genital system

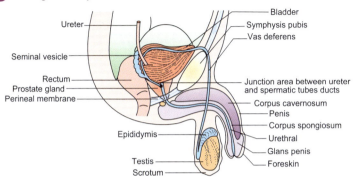

4 Female genital system

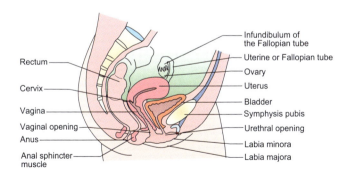

Endocrine and reproductive systems

5 Vulva

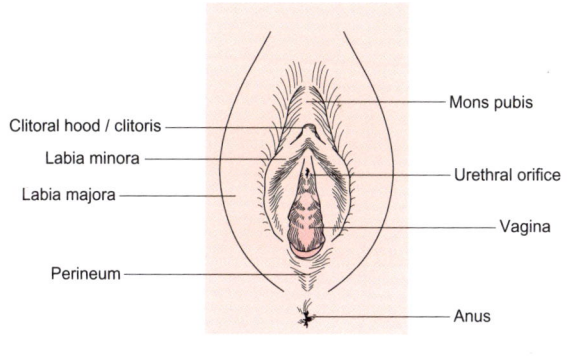

Clitoral hood / clitoris

Labia minora

Labia majora

Perineum

Mons pubis

Urethral orifice

Vagina

Anus

6 Breast

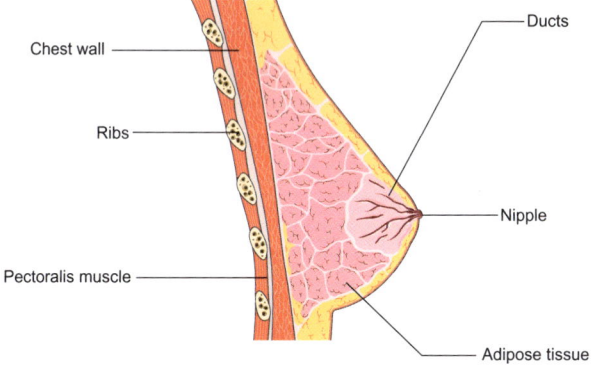

Chest wall

Ribs

Pectoralis muscle

Ducts

Nipple

Adipose tissue

« Le photocopillage, c'est l'usage abusif et collectif de la photocopie sans autorisation des auteurs et des éditeurs. Largement répandu dans les établissements d'enseignement, le photocopillage menace l'avenir du livre, car il met en danger son équilibre économique. Il prive les auteurs d'une juste rémunération.
En dehors de l'usage privé du copiste, toute reproduction totale ou partielle de cet ouvrage est interdite. »

ISBN 978-2-216-12323-0

Toute reproduction ou représentation intégrale ou partielle, par quelque procédé que ce soit, des pages publiées dans le présent ouvrage, faite sans autorisation de l'éditeur ou du Centre français du Droit de copie (20, rue des Grands-Augustins, 75006 Paris), est illicite et constitue une contrefaçon. Seules sont autorisées, d'une part, les reproductions strictement réservées à l'usage privé du copiste et non destinées à une utilisation collective, et, d'autre part, les analyses et courtes citations justifiées par le caractère scientifique ou d'information de l'œuvre dans laquelle elles sont incorporées (loi du 1er juillet 1992 - art. 40 et 41 et Code pénal - art. 425).

© Éditions Foucher – 11, rue Paul Bert, 92240 Malakoff – 2013

FOUCHER
s'engage pour l'environnement en réduisant l'empreinte carbone de ses livres.
Celle de cet exemplaire est de :
1230 g éq. CO_2
Rendez-vous sur
www.editions-foucher-durable.fr

PAPIER À BASE DE
FIBRES CERTIFIÉES

Conception graphique : Sylvie Vaillant
Composition Maury

ÉDITIONS FOUCHER – MALAKOFF – AVRIL 2013 – 02 – MV-NJ/JV

Imprimé en France par EMD S.A.S. – 53110 Lassay-les-Châteaux – N° d'imprimeur : 28000